FUNDAR

ANÍMATE A EMPEZAR!

«Mis queridos amigos Nelson y Kerrick han escrito un exitoso libro para fundar iglesias. Lean y aprendan de estos talentosos hombres».

Rick Warren,
autor de *Una iglesia con propósito* y *Una vida con propósito*

FUNDAR
¡ANÍMATE A EMPEZAR!
Comenzando una nueva congregación desde cero

Nelson Searcy
y Kerrick Thomas

La misión de Editorial Vida es ser la compañía líder en comunicación cristiana que satisfaga las necesidades de las personas, con recursos cuyo contenido glorifique a Jesucristo y promueva principios bíblicos.

FUNDAR
Edición en español publicada por
Editorial Vida – 2009
Miami, Florida

©2009 por Editorial Vida

Publicado en inglés con el título:
     Launch
     Copyright © 2006 por Nelson Searcy y Kerrick Thomas
por Regal Books, Gospel Light, Ventura, California, U.S.A.

Traducción: *Rosa Pugliese*
Edición: *Madeline Díaz*
Diseño interior: *Cathy Spee*
Diseño de cubierta: *Pablo Snyder*

ISBN: 978-0-8297-5321-9

CATEGORÍA: Iglesia cristiana / Crecimiento

IMPRESO EN ESTADOS UNIDOS DE AMÉRICA
PRINTED IN THE UNITED STATES OF AMERICA

09 10 11 12 ❖ 6 5 4 3 2 1

Fundar ¡Anímate a empezar! Comenzando una nueva congregación desde cero será la lectura obligada de todo fundador de iglesia y nuevo pastor de la iglesia de Seacoast en el futuro.

Geoff Surratt
Coautor de *The Multi-site Church Revolution* [La revolución de iglesias de múltiple procedencia]
Pastor maestro de la iglesia de Seacoast
Columbia, Carolina del Sur

Siempre encuentro agradables, intuitivas y eficaces las reflexiones de Nelson Searcy y Kerrick Thomas en la vida práctica. Este libro confirma una vez más mis expectativas. Contiene todo lo que usted necesita saber y lo que va a sentir al fundar una nueva iglesia presentado en un formato muy accesible. ¡Léalo y comience ya!

Larry Osborne
Pastor de la iglesia de *North Coast* y de *The North Coast Training Network*
Vista, California

Nelson Searcy es uno de los edificadores de iglesias más creativos y talentosos que he conocido. Ha sido un gozo para mi iglesia participar junto a él en la fundación de *The Journey*, la iglesia que Nelson pastorea en la ciudad de Nueva York. Estoy seguro de que el reino de Cristo se beneficiará grandemente del útil conocimiento que él y Kerrick Thomas transmiten en *Fundar ¡Anímate a empezar! Comenzando una nueva congregación desde cero.*

Bryant Wright
Pastor principal de la iglesia bautista de Johnson Ferry
Marietta, Georgia

Fundar ¡Anímate a empezar! Comenzando una nueva congregación desde cero.
Nelson Searcy y Kerrick Thomas

Dedicatoria

Nelson: A Kelley, mi esposa y mi mejor amiga. Gracias por correr el riesgo en nuestra primer cita a ciegas y por decirle que sí a cientos de riesgos más desde ese momento, incluyendo el mudarnos a la ciudad de Nueva York para comenzar una iglesia desde cero. Y a nuestro hijo Alexander, cuya aventura en la vida apenas está comenzando. Mi amor por ambos crece cada día.

Kerrick: A mi esposa y compañera en el ministerio, Lorie, que fue lo suficiente valiente para mudarse conmigo en el verano del 2001 a un departamento de un solo cuarto plagado de ratones en la villa este de la ciudad de Nueva York, con el objetivo de tratar de comenzar una iglesia, cuando no mucha gente pensaba que tal cosa era una buena idea. Y a mi mamá... que siempre pensó que era una buena idea después de todo.

Ambos, Nelson y Kerrick, queremos agradecerle al asombroso personal, los miembros, los voluntarios y los socios de la iglesia The Journey, a nuestra increíble editora Jennifer Henson, y al comprometido personal de la Editorial Regal por su participación y su compromiso con este proyecto.

Contenido

Apéndices

Cuando estudiaba en la universidad, cursé una materia que cambió mi vida y que nada tenía que ver con mi carrera de Educación en Bellas Artes. Literalmente todos los días del semestre este profesor, que vestía como si lo acabaran de sacar de Greenwich Village —un distrito bohemio de Nueva York—durante la época de 1962, machacaba sobre esta simple idea: «¡Si el arte de ustedes no es práctico, no sirve para nada!». Aquel fue un mensaje sorprendente, que provenía de alguien que vestía de tal modo que me hacía recordar a un cuadro de Salvador Dalí.

Sus palabras con respecto a ser prácticos me han marcado durante los últimos treinta años a la hora de hablar y escribir. Cuando leo o escucho a los demás, me pongo impaciente con aquellos que no tienen una buena dosis de sentido práctico. Ahora, cuando me encuentro con una persona que pasa por alto los aspectos prácticos de explicar sus ideas, me doy cuenta de dos cosas:

1. Esta persona no tiene la menor idea de lo que está hablando.
2. Esta persona en verdad no ha puesto en práctica nada de lo que está hablando; tuvo apenas algunos pensamientos fantasmas y de alguna manera habló con una editorial para que organizaran esas teorías en un libro.

Ante todo, los libros que vale la pena imprimir —aquellos que merecen ser leídos— son los prácticos. Estos son libros que pueden ponerse en acción de inmediato... ¡o más rápido aun!

De acuerdo a los últimos informes que he leído, de los cien mil títulos publicados cada año, el libro promedio solo venderá alrededor de dos mil quinientas copias. Y cuando se trata de libros cristianos, el número está ligeramente por encima de las mil copias. Usted podría preguntarse: «¿Por qué se venden tan pocos ejemplares?». Sin duda, hay muchas razones, pero lo que encabeza la lista es este hecho: Ninguna vida es transformada por el mensaje del libro cristiano promedio.

El libro que usted tiene en sus manos: *Fundar. ¡Anímate a empezar! Comenzando una nueva congregación desde cero*, de mi amigo Nelson Searcy, no tiene ningún parecido con el libro cristiano promedio. En el corazón de cada ser humano del planeta tierra hay un deseo indescriptible de cambiar el mundo a su alrededor... de partir un día habiendo dejado una marca permanente que diga: «Hace un tiempo tuve vida. ¡Y logré dejar una huella!». Este deseo es lo que hace que personas como Nelson, usted y yo hagamos cosas disparatadas tales como dejar atrás nuestra seguridad, finanzas, oportunidades y familia para ir a todo tipo de lugares extraños a fundar iglesias. Nuestro deseo es ver a las personas —a muchas personas— cambiadas por toda la eternidad.

Este no es solo un libro superpráctico (se me hizo agua la boca mientras lo leía, pues era como si Nelson me estuviera ofreciendo con él un exquisito plato de comida), sino constituye además un libro que cambiará el rumbo a seguir si considera o planea fundar una nueva iglesia.

En la actualidad, el ochenta por ciento de todas las iglesias que se fundan en los Estados Unidos dentro de cinco años serán declaradas infructuosas. ¡Puede que sea una manera cruel de expresarlo, pero es la cruda verdad! Solo el veinte por ciento de los intentos para edificar una iglesia prosperan, y de ese veinte por ciento, las que los analistas consideran «exitosas» son poquísimas. Digamos que si yo estuviera a cargo de una iglesia de ese volumen y capacidad de dinamismo, estaría buscando un puente alto del cual saltar después de cinco años de arduo trabajo.

Atención lector: *¡Esto no debe ser así!* Se ha dicho una y otra vez con el correr de los años que todo líder es un lector. ¡Y el hecho de que usted haya escogido este libro me dice que es conciente de esto!

Para ser un líder exitoso, ya sea en la fundación de una nueva iglesia, en una iglesia intermedia o en una con una gran «plataforma de lanzamiento» —y cualquiera sea su llamado— debe tener varios instructores en su vida para lograr el éxito. Y una vez que encuentre instructores ejemplares que le muestren el camino, haga cualquier cosa para mantenerse conectado a ellos. Pague el precio que sea; ya se trate de volar, caminar, andar en puntillas, patinar (bueno, ya tiene una idea).

A esta altura de mi vida, he tenido quince profesores solo de oratoria. Además, he tenido veinte instructores con relación a la fundación de iglesias. Creo que he invertido más de cien mil dólares de mi bolsillo en diferentes cursos de capacitación… No soy rico de ninguna manera, estoy muy lejos de serlo. Durante gran parte de ese tiempo, Janie, mi esposa, y yo vivíamos por debajo del límite oficial de pobreza. Sin embargo, nos dimos cuenta de que a fin de avanzar y prosperar, teníamos que instruirnos.

Bien, hoy es su día de bendición. ¡Aunque sospecho que durante gran parte de su vida rara vez se le ha concedido algo, todo eso está por cambiar! Este libro que tiene en sus manos es una enciclopedia ultra económica, llena de asombrosas experiencias instructivas. Dicho de forma simple, es probable que este libro valga miles de dólares en secretos de instrucción, los cuales Nelson por algún motivo eligió entregar prácticamente por nada. (Usted está equivocado con respecto a los autores; ellos no reciben casi nada por escribir sus libros. He escrito quince libros, los cuales requieren de una cantidad de tiempo enorme para terminarlos y en el transcurso uno termina abandonándolos al menos dos veces. Sin embargo, los acabamos simplemente por amor a Jesús y su iglesia, y porque deseamos verla avanzar con toda su fuerza).

Un último aspecto a considerar: En este preciso instante, hay una cantidad considerable de libros populares circulando sobre el tópico de la fundación de iglesias. En el caso de los dos libros de moda que circulan en la actualidad, pensaba que los autores en realidad habían puesto en práctica lo que escribieron. Ellos insinuaron que lo habían hecho. ¡Cielos! ¡Estaba equivocado! Cierto, los autores tenían apenas un poquito de experiencia en la edificación de iglesias, pero desde luego no la suficiente como para calificarlos para escribir libros definitivos sobre el tópico. Es triste que la iglesia sea el único lugar donde la gente predica su mensaje teórico a gente confiada que supone lo mejor de los autores.

Oprah se enojó cuando descubrió que el autor de *A Million Little Pieces* [Un millón de pequeños pedazos] había inventado la historia; sin embargo, la iglesia mundial está expuesta a este tipo de mala conducta con frecuencia. Si tan solo Oprah supiera… No obstante, puedo asegurarle de manera absoluta que Nelson Searcy es un líder, fundador, pastor y orador experimentado «que solo habla acerca de lo que ha practicado». No hay más que una o dos docenas de líderes en los Estados Unidos que pudieron lograr lo que él ha hecho en el corto tiempo que ha tenido para hacerlo. Su historia es simplemente asombrosa.

Steve Sjogren predice... En una década o dos es posible que usted escuche decir a su alrededor: «¡Hay un muchacho nuevo que me está enseñando tanto que estoy asombrado! Se llama Nelson Searcy. No dejes de leer su nuevo libro. ¡Está en la lista de éxitos del *New York Times*!»

¡Nelson, hermano, felicitaciones por el increíble regalo de *Fundar*! Conozco la verdad que yace detrás de este libro. Abriste el almacén de tu conocimiento y lo entregaste en esta obra. Gracias por permitirme escribir el prólogo de tu primer libro.

Steve Sjogren
Líder principal
Coastland Tampa
Tampa, Florida
Kindness.com

Comenzar una iglesia es una actividad heroica. Gracias por prepararse para este llamado. Además de los fundadores de iglesias, este libro es ideal para:

- La esposa y la familia de un fundador de iglesia.
- Aquellos que piensan unirse a un equipo que edifica iglesias.
- Aquellos que piensan que fundar una iglesia podría formar parte de su futuro.
- Aquellos que no están seguros de su llamado y quieren aprender más sobre la fundación de una iglesia.
- Los estudiantes del seminario que desean estudiar sobre la fundación de iglesias.
- Pastores, misioneros y líderes eclesiásticos que quieren patrocinar una nueva iglesia.
- Voluntarios o líderes misioneros que ayudan a comenzar nuevas iglesias.
- Líderes denominacionales que alientan y apoyan la fundación de iglesias.
- Individuos que desean apoyar nuevas iglesias.
- Estudiantes de crecimiento de iglesia.
- Cualquiera que busque ideas nuevas para comenzar mejor una iglesia.

Aunque este libro fue escrito principalmente como una guía para los pastores, la información que el mismo contiene puede ser adaptada con facilidad por cualquier persona que esté interesada en la fundación de iglesias. Téngalo en cuenta como una herramienta de estudio en grupo con otros pastores, fundadores de iglesia o equipos para el establecimiento de las iglesias.

Así que usted quiere comenzar una nueva iglesia, pero no tiene idea de por dónde comenzar. Sabe que *alguien* allá afuera conoce la logística de cómo comenzar una iglesia creciente —porque existen a lo largo y ancho de todo el país— pero no sabe cómo utilizar el mapa de ruta que ellos utilizan. ¿Es acaso que los pastores que prosperaron en el establecimiento de iglesias saben algo que usted no sabe? ¿Cómo comenzar con la visión que Dios ha puesto en su corazón? ¿A dónde recurrir para recibir respuestas prácticas a sus preguntas tan reales sobre la fundación de iglesias?

En el año 2001, cuando empezamos a pensar con seriedad en comenzar nuestra iglesia (*The Journey*), había varios libros y otros recursos acerca de la fundación de iglesias en el mercado. Nos propusimos leerlos todos. No queríamos otra cosa que estar informados. Muchos de aquellos libros eran útiles en algunos aspectos específicos. Otros eran más generales y nos proporcionaban límites claros en cuanto a lo que deberíamos evitar o las preguntas claves que deberíamos considerar. Varios enseñaban métodos de edificación de iglesias que habían dado resultado en otra época, tal vez en la década del sesenta o el setenta, pero que ahora parecían obsoletos e ineficaces.

El clásico libro de texto de Rick Warren, *Una iglesia con propósito*, nos ofrece una ilustración viva de cómo debería ser una iglesia madura y saludable. No obstante, aunque Rick plantó la iglesia de Saddleback sin dinero, sin edificio y sin miembros (una situación justo igual a la nuestra), no detalla sus primeros pasos en ese libro. Rick siempre ha dicho que necesitábamos un libro específico sobre cómo fundar una iglesia con propósito. Ahora nos damos cuenta de que estábamos buscando una guía acerca de los «cómo» que surgen en la fundación de iglesias… una especie de manual de instrucción que no solo tuviera sentido teóricamente, sino que también funcionara de una forma visible en varias iglesias crecientes. Sin embargo, no existía ninguna guía por el estilo.

Nuestro deseo de aprender todo lo que podíamos sobre la fundación de iglesias nos condujo a entablar conversaciones con exitosos fundadores de iglesias a través de todo el país. Lo que descubrimos no nos sorprendió: Ellos sentían lo mismo con respecto a los libros existentes sobre la edificación de iglesias. Aunque todos esos libros tenían su lado útil, carecían de un mapa de ruta exhaustivo que mostrara cómo edificar una nueva iglesia desde cero. Muchos de los fundadores que entrevistamos habían andado «a ciegas» y estaban edificando sus iglesias con la poca guía de los métodos y recursos vigentes. Dado que, por lo general, descubrían sus procesos y principios a través de pruebas y errores, muchos estaban ansiosos por hablar de sus experiencias en un intento de ahorrarles tiempo y energía a otros fundadores de iglesia. El punto de vista generoso que poseían los condujo al descubrimiento de un precepto esencial para la fundación de iglesias que es la esencia de este libro: *Cuando se descubre un principio útil en la edificación de iglesias, debe transmitirse a los demás.*

Por medio de innumerables conversaciones con diversos fundadores de iglesias, así como de nuestro propio estudio de la iglesia del Nuevo Testamento, comenzamos a reunir esta colección de creencias contrarias a la fundación de iglesias:

- Su llamado a comenzar una iglesia es el factor más crítico para el éxito de la iglesia.

- No tenga temor de recibir fondos de otras iglesias.
- Edifique su iglesia de afuera hacia adentro.
- No comience con grupos pequeños o con un ministerio de jóvenes.
- Comience realizando servicios mensuales de adoración durante un período de tres a seis meses para luego llevar a cabo servicios semanales.
- No intente congregar a la iglesia; enfóquese en los inconversos.
- En los comienzos, resista la tentación de hacerlo todo.
- Usted puede *comenzar* una iglesia mucho más rápido de lo que piensa.
- Usted puede *edificar* una iglesia mucho más rápido de lo que piensa.

¡Estas fueron ideas que ampliaron nuestra manera de pensar! Las mismas nos estimularon a delinear nuestro propio mapa de ruta, dándonos la dirección que habíamos estado buscando.

Desde entonces, hemos estado tratando de codificar y retransmitir estas ideas de una manera tal que les permita a los fundadores de iglesia tener acceso a ellas y aplicarlas con facilidad. Hemos trabajado desarrollando un lenguaje práctico para enseñar los conceptos y hasta hemos luchado para explicar por qué algunas de estas ideas, que van contra los principios de la teoría tradicional sobre la fundación de iglesias, son mejores, más prácticas y por completo bíblicas. El libro que tiene en sus manos es la culminación de nuestros esfuerzos. Es el libro que quisiéramos haber tenido a nuestra disposición cuando comenzamos *The Journey*.

Nuestro objetivo no es ofrecerle una teoría, sino un proceso estratégico y comprobado para que pueda llevar a su nueva iglesia desde cero hasta el éxito y la trascendencia. No estamos dándole notas de estudio o una solución fácil;

no hay una manera fácil de comenzar una iglesia. El proceso resumido en las páginas siguientes requerirá *trabajo*, *enfoque* y *disciplina*. De hecho, este proceso en realidad podría ser más difícil en el comienzo que otros métodos de edificación de iglesias. Sin embargo, creemos que al final le ayudará a estabilizar su iglesia y le permitirá recoger una cosecha más grande de manera más rápida.

A medida que comience a descubrir y digerir estos conceptos, le sugerimos que no profundice en ellos únicamente por su cuenta. Así como el hierro se afila con el hierro, el diálogo le ayudará a analizar y aplicar estas ideas. Estúdielas con su cónyuge o con su equipo para la fundación de iglesias. Únase a otros fundadores de iglesias y lean juntos este libro.

A medida que lea, haga anotaciones en los márgenes y registre sus reflexiones en un diario. Deje que el contenido genere ideas —esté de acuerdo con nosotros o no— en cuanto a lo que Dios quiere hacer en y a través de usted. Si encuentra una idea que lo toma por sorpresa, no la rechace con rapidez. Deje que la idea ronde su mente y vea qué sucede.

Voy a comenzar a hablar de esto en el capítulo uno por medio del relato de nuestra historia y después a abarcar las ideas claves esbozadas con anterioridad. En el capítulo dos, lo conduciremos a un serio examen del llamado a comenzar una iglesia. A partir de allí, analizaremos cómo desarrollar una estrategia inicial (capítulo tres), cómo recaudar fondos (capítulo cuatro) y cómo estructurar su primer equipo (capítulo cinco). En los capítulos seis y siete veremos de qué forma planificar su primer servicio y armar su equipo de lanzamiento. En el capítulo ocho analizaremos la evangelización, mientras que en el capítulo nueve le daremos algunas ideas básicas del primer método de organización de su iglesia. El capítulo final proporcionará un argumento profundo en cuanto a cómo aplicar lo que ha aprendido de una manera que lleve a su nueva iglesia al éxito y la trascendencia.

No hay una forma correcta de comenzar una iglesia. Pese a que la Biblia nos brinda una guía teológica de lo que debería ser una iglesia, ofrece un relativo silencio en cuanto a la logística para llegar a serlo. Esto podría ser debido a los cambios de los «cómo» que surgen en la edificación de las iglesias con el paso del tiempo. Comenzar una iglesia en el tercer siglo debe haber sido bastante diferente a comenzar una iglesia en nuestro siglo, motivo por el cual los principios para la fundación de iglesias han evolucionado de modo tan drástico. Basado en nuestros estudios, investigaciones, aplicaciones, así como en nuestra experiencia exhaustiva, creemos que *Fundar* puede servir como su guía de referencia en cuanto a los «cómo» para comenzar una iglesia bíblica en el siglo veintiuno.

Dado que de manera oficial empleamos los conceptos de *Fundar* para comenzar *The Journey*, hemos sido privilegiados al poder hablar de nuestras ideas en conversaciones individuales, por medio de redes de instrucción y en seminarios de capacitación con cientos de fundadores de iglesia a través de todo el país. Hemos visto las estrategias que detallaremos en funcionamiento en todo tipo de iglesias… desde las que se encuentran en pequeños pueblos rurales hasta las que se encuentran en las grandes ciudades metropolitanas. Hemos reunido testimonios increíbles provenientes de cada rincón de los Estados Unidos. El crédito de esto no es nuestro, sino de Dios que ha trabajado a través del proceso poderoso y estratégico que estaremos estudiando juntos.

¡Si usted ha sido llamado por Dios para formar parte de este esfuerzo y está dispuesto a seguir el plan comprobado que hemos expuesto en las páginas siguientes, estará en condiciones de fundar la próspera y nueva iglesia que está escrita en su corazón!

El fundamento

De acuerdo a las enseñanzas de la iglesia católica, hay siete pecados mortales. Lamentablemente, no somos católicos, por lo que no tenemos idea de cuáles son esos pecados. Sin embargo, somos fundadores de iglesias, y en el establecimiento de las iglesias hay tres pecados mortales:

1. Falta de llamado
2. Falta de estrategia
3. Falta de fondos

Estos tres pecados mortales asegurarán que la edificación de una iglesia fracase y que lo haga rápidamente (lo más seguro de una forma tan pública que hasta los moonies* la señalarán y se reirán). Entre los cristianos evangélicos, las estadísticas de fracasos de nuevas iglesias es alarmante. Éste es el trapito sucio oculto entre las iglesias tipo. Los testigos de Jehová tienen un mayor índice de éxito que nosotros.

Los primeros cuatro capítulos de este libro tratan sobre el ineludible asunto de comenzar una iglesia desde cero de una manera eficaz. Hemos tratado de hacer que algunos de los temas aburridos parezcan interesantes y algunos de los asuntos difíciles sean fáciles de comprender. Discúlpenos si en algún momento no lo logramos. (Trataremos de hacerlo mejor en nuestro próximo libro). Además, intentaremos no ofender a ningún otro grupo religioso de aquí en adelante.

---

* Miembros de la iglesia de la unificación, seguidores de Sun Myung Moon.

Las primeras diez oraciones rechazadas de *Fundar*

1. Una monja entra a un bar...
2. Es que solo estábamos pensando...
3. ¿Le cortaste la garganta a un cerdo últimamente?
4. Oye, hermano, ¿quieres plantar una iglesia?
5. No se trata de ti...
6. Si nosotros podemos comenzar una iglesia, usted también puede...
7. Llámenme Ismael...
8. Esta es su iglesia; esta es tu iglesia sin reglamentos.
9. No puedo creer que nos hayan permitido escribir este libro [nosotros].
10. No podemos creer que en realidad estemos publicando este libro [nuestra editorial].

Capítulo 1

Comenzamos *The Journey...* desde cero

Yo (Nelson) sé qué se siente ante el deseo de comenzar una iglesia. También experimenté sus mismas vivencias, luchando con el temor, el nerviosismo indescriptible, y el asombro total de que Dios me hubiera llamado en realidad a semejante tarea. En el año 2000, Dios comenzó a despertar este deseo en mi corazón: el deseo de comenzar una iglesia desde cero. La fundación de iglesias, en general, no era una idea nueva para mí; pero el concepto de que yo personalmente fundara una iglesia me tomó por sorpresa.

Había trabajado de forma estrecha con varios fundadores de iglesia y sentido una profunda afinidad con ellos. A mediados de la década del noventa, colaboré con un equipo para la fundación de iglesias en Apex, Carolina del Norte, mientras hacía un curso de postgrado en la Universidad Duke. A finales de la década del noventa trabajé de modo intenso colaborando en la fundación de la iglesia de Saddleback como director de *Una comunidad con propósito*. La fundación de iglesias era un terreno bien conocido para mí. Sin embargo, nunca había experimentado el llamado a comenzar una iglesia de forma personal... hasta el comienzo del otoño del año 2000.

Era una tarde templada de octubre en el centro de Florida. Mi amigo Jason y yo acabábamos de participar en una actividad en la zona patrocinada por *Purpose Driven* y nos dirigíamos al aeropuerto. Yo estaba volando hacia casa, al Sur de

California, y él estaba en su camino de regreso a Carolina del Norte. Hasta el día de hoy, la conversación que tuvo lugar en aquel diminuto auto rentado está grabada en mi mente...

Comenzamos hablando simplemente de lo que Dios iba a hacer en nuestras vidas. Jason, que estaba en el negocio de la música, me dijo que él y su banda trabajaban en la producción de su próximo álbum. Dando rodeos, le mencioné algunas cosas que me mantenían ocupado, sabiendo que tenía que avanzar más allá. Después de un minuto de batalla personal en silencio, le confesé que pensaba que Dios estaba llamándome a comenzar una iglesia. Él soltó una risa entre dientes y me dijo: «Nelson, cada vez que vamos a algún lado hablas de comenzar una iglesia, ya sea en Florida o Seattle». Tengo que admitir que él tenía razón. Amaba a los fundadores de iglesia y por lo general sentía una fuerte conexión con ellos, sin importar en qué ciudad estuviéramos. No obstante, aquí estaba sucediendo algo más. «No», le dije, «esta vez es diferente. Pienso que Dios me está llamando a comenzar una iglesia en la ciudad de Nueva York».

¡Vaya, al final lo dije en alta voz! ¡Qué liberación! Ahora otra persona de confianza podría ayudarme a discernir la dirección de Dios. Jason y yo nos comprometimos a hacer dos cosas basados en lo que yo estaba sintiendo: (1) orar por la decisión durante los próximos meses y (2) no decirle una palabra a nuestras esposas... esto no es algo que yo recomendaría, pero nos pareció bien en ese momento. (A propósito, recuerde a Jason. Se topará con él otra vez en otro capítulo más adelante).

Las semanas siguientes fueron un torbellino. Dios estaba trabajando en mi vida y yo lo sabía. Solo que no estaba seguro de qué estaba haciendo. Oraba, estudiaba la Biblia, leía algunos libros sobre fundación de iglesias y escribía con frenesí en mi diario… todo «en secreto». No le dije ni una sola palabra a mi esposa, Kelley, sobre comenzar una iglesia. No era que tuviera temor de decírselo —tenemos un gran matrimonio y una buena comunicación— se trataba solo de que necesitaba estar seguro de que ese llamado era en verdad de Dios antes de decirle algo al respecto. Durante nuestro matrimonio y el ministerio juntos, ya nos habíamos mudado desde la costa este a la oeste, y tenía suficiente conocimiento como para no proponer mudarnos otra vez de un extremo al otro del país hasta que supiera que era Dios el que estaba detrás de la idea.

Al mes siguiente, en la tarde del día de Acción de Gracias, Nelly y yo estábamos en casa mirando el desfile que ese día celebra Macy's* mientras esperábamos para encontrarnos con algunos amigos y salir a cenar. Ella se volteó hacia mí cuando menos lo esperaba y me hizo una pregunta inusual: «¿Dónde crees que vamos a terminar después de Saddleback?». Yo todavía no estaba seguro de que hubiera un «después de Saddleback» en nuestro futuro. Ambos amábamos la iglesia. Amábamos California. Teníamos muy buenos trabajos, sin mencionar una casa que se ajustaba perfectamente a nuestras necesidades. Según todas las apariencias externas, estábamos acomodados. No obstante, dada la inquietud que no podía evitar acerca de Nueva York, le devolví la pregunta con cautela. «Yo… no estoy seguro», dije tartamudeando, con una voz calmada. «¿Dónde piensas *tú* que vamos a terminar?». Las palabras siguientes que salieron de su boca me calaron hasta los huesos. Ella dijo: «He estado pensando mucho en la ciudad de Nueva York últimamente».

¿No es fascinante cuando Dios se manifiesta de una manera tan poderosa? Nunca habíamos hablado de Nueva York antes. Ni siquiera habíamos considerado jamás la posibilidad

*Cadena de tiendas de Estados Unidos.

de vivir allí. Sin embargo, aunque nosotros no lo sabíamos, Dios había estado enviándonos con diligencia el mismo mensaje a cada uno sobre la posibilidad de continuar con nuestro ministerio allí.

Durante la hora siguiente más o menos, antes de la cena, tratamos de imaginarnos cómo sería el ministerio en la ciudad de Nueva York. Yo derramé mi corazón acerca de lo que había estado sintiendo. Apenas pudimos terminar la cena esa noche, pues estábamos muy ansiosos por regresar a casa para seguir hablando de aquella posibilidad. Después de cenar, le mostré a Kelley parte de mi diario y un resumen de las impresiones acerca de cómo podría ser comenzar una iglesia. Concluimos nuestro Día de Acción de Gracias con el compromiso de orar por este llamado durante cincuenta días. (Mi pastor, Rick Warren, todavía no se había hecho popular por las jornadas espirituales de «40 días»... ¡así que tal vez oramos por diez días extra!).

Alrededor de cincuenta días más tarde, durante el fin de semana de San Valentín del año 2001, Kelley y yo volamos a la ciudad de Nueva York. Aterrizamos en uno de los días más fríos de la última década. ¡No era exactamente la cálida recepción que nuestro temperamento del sur de California esperaba! No obstante, con otras dos parejas, caminamos alrededor de la ciudad de Nueva York orando, visitamos algunos buenos restaurantes y reflexionamos para saber si Dios en realidad estaba llamándonos a ser parte de esta ciudad única en su especie.

Al final de aquel fin de semana espectacular (y confirmador), le dijimos que sí al llamado de Dios para mudarnos de un extremo a otro del país y comenzar una iglesia nueva por completo. Aquella noche nos dormimos al son de Sinatra: «*I want to be a part of it, New York, New York*». Nos encontrábamos a punto de embarcarnos en una aventura de toda la vida. Estábamos cien por ciento seguros de que tomábamos la decisión correcta... hasta que nuestro avión aterrizó en el Aeropuerto Internacional de Los Ángeles al día siguiente.

Con el sol de California aparecieron un montón de dudas. *¿Cómo vamos a hacer para lograrlo?*, nos preguntábamos. *¿Estamos locos para tan siquiera intentarlo? ¿Y la venta de nuestra casa? ¿Y nuestros autos? ¿Cómo puedo abandonar mi posición en la iglesia Saddleback? ¿Y qué del trabajo de Kelley?* En medio de aquella avalancha, seguíamos recordándonos a nosotros mismos el llamado y las confirmaciones de Dios. Fiel a mi naturaleza estratégica, elaboré un plan de «mudanza a NY» por medio del cual estaríamos instalados en la costa este aproximadamente en doce meses. Sin embargo, como sucede a menudo, Dios tenía otro cronograma.

En solo cinco cortos meses, Dios solucionó todo de forma milagrosa. Vendimos nuestra casa, Kelley renunció a su trabajo, nos despedimos de nuestros amigos de la iglesia y partimos hacia la costa este. Llegamos a la ciudad de Nueva York a finales de julio del 2001, irónicamente, en uno de los días más calurosos en la historia de la ciudad de Nueva York. No teníamos dinero para nuestra nueva iglesia ni ningún lugar donde reunirnos, y nosotros éramos los únicos miembros. La realidad de comenzar una iglesia desde cero en una ciudad nueva por completo estaba a punto de golpearnos de frente.

De acuerdo al orden de prioridades, comenzamos por instalarnos en un departamento del complejo *Upper West Side*. Permanecí en el lugar por alrededor de veinticuatro horas antes de dejar a Kelley con varias pilas de cajas desembaladas y sintiéndome ansioso por poner en marcha un plan para comenzar a recaudar fondos para la nueva iglesia. No podía esperar. Teníamos suficiente dinero para mudarnos de un extremo a otro del país y contaba con una oferta de trabajo en la ciudad (los dos primeros años y medio trabajé además en un empleo secular), pero no teníamos ni diez centavos para la iglesia. De esta manera, comenzó mi búsqueda para recaudar fondos. Hay un rumor circulando entre los fundadores de iglesias acerca de que las iglesias de Texas tienen un montón de dinero que les gustaría compartir, así que planifiqué citas con alrededor de una docena de iglesias en Texas y me dirigí hacia el sur. No obtuve un buen resultado con diez de las iglesias con las que me reuní, pero dos me prestaron mucha atención. Por último, ambas llegaron a ser patrocinadoras de nuestra obra.

De regreso en Nueva York, a principios de septiembre del 2001, Kelley y yo tomamos la decisión de dedicarnos con seriedad a buscar gente en la ciudad y prepararnos para nuestro primer servicio. Cuando usted decide buscar gente, la encuentra... y una de las primeras personas que encontré fue Kerrick. Él y su esposa se habían mudado a Nueva York casi en la misma época que nosotros y estaban planeando comenzar una iglesia en *East Village*. Para resumir la historia, comenzamos a trabajar juntos en enero del 2002. (No se preocupe, conocerá la versión completa un poco más adelante).

No tenemos que recordarle lo que sucedió el 11 de septiembre del 2001. Los ataques que conmovieron la nación ocurrieron más o menos en el umbral de nuestra puerta. Podíamos ver las torres gemelas desde el parque de estacionamiento al frente de nuestro departamento. Nunca he experimentado un momento tan extraño y surrealista. Durante semanas después del ataque, Manhattan se parecía más a un estado policial que a una ciudad internacional.

En medio de la tragedia del 9/11, nos conmovía saber que Dios continuaba obrando y haciendo avanzar a nuestra nueva iglesia. Desde luego, trabajar en medio de semejante desastre no era lo que habíamos planeado para nuestros primeros dos meses, pero Dios tenía todo bajo control. Mirando atrás, si hubiera persistido en mi cronograma de «Mudanza a NY», todavía hubiéramos estado en California el 9/11. Dios obviamente tenía motivos para que estuviéramos en Nueva York más rápido de lo que pensábamos.

Habíamos planeado conducir una serie de servicios mensuales desde septiembre del 2001 hasta febrero del 2002. Ese plan se mantuvo firme después del 9/11... con una excepción. Tuvimos que trasladar nuestro primer servicio mensual del domingo 16 de septiembre al martes 18 de septiembre, porque el hotel donde habíamos programado reunirnos estuvo cerrado durante cinco días después de los ataques. Uno de los tantos primeros milagros de nuestra iglesia fue que recibimos un inesperado equipo misionero que Dios había enviado, desde el 15 hasta el 18 de septiembre, para ayudarnos a propagar la noticia de nuestro cambio de fecha. Este equipo repartió literalmente miles de folletos en cada esquina de la ciudad.

Sintiendo que tenía que hablar de la devastación que acabábamos de experimentar como ciudad, cambié el título y el enfoque de mis primeros cuatro mensajes a «Cómo reconstruir mi vida». Por desdicha, tras la tragedia de los ataques los neoyorquinos parecían apartarse más de Dios en vez de acercarse a él. Mucho de nuestro esfuerzo fue recibido con un fuerte desdén por una cultura escéptica. Aun así, Dios bendijo nuestros servicios mensuales. Para todos aquellos a los que les gustan los números sobre la iglesia, esta fue nuestra asistencia durante los primeros seis servicios mensuales:

Asistencia a los servicios mensuales de adoración en *The Journey*		
Mes	Asistencia	Notas
Septiembre 2001	98	El servicio posterior al 9/11 atrajo una multitud, pero solo trece perspectivas reales.
Octubre 2001	35	Nuestro segundo servicio mensual
Noviembre 2001	42	Nuestro tercer servicio mensual
Diciembre 2001	55	Nuestro cuarto servicio mensual
Enero 2002	63	Nuestro quinto servicio mensual
Febrero 2002	67	Nuestro último servicio mensual

El domingo 31 de marzo del 2002 lanzamos nuestros servicios semanales, con la asistencia de ciento diez personas. ¡La iglesia *The Journey* estaba en progreso! Me gustaría poder decirles que la tendencia de nuestro crecimiento se mantuvo ascendente por el resto del año... pero no fue así. Por ejemplo, el domingo después de Pascua del año 2002 solo asistieron cincuenta y cinco personas. ¡Ahí fue cuando aprendimos por experiencia propia que aquellos que asisten a un servicio de Pascua no necesariamente vuelven a la semana siguiente! (Para mayor información sobre nuestras cifras de crecimiento, véase el apéndice A).

A medida que Dios edificaba *The Journey*, nos edificaba a nosotros también. Él estaba preparándonos poco a poco para los planes a largo plazo que tenía para nuestra iglesia... planes que todavía seguimos descubriendo cada día. Desde aquellos primeros meses, Dios ha continuado dándonos a Kelley y a mí señales confirmatorias a lo largo del camino. Estamos asombrados y maravillados por todo lo que él está haciendo por medio de *The Journey*. Cuando volvemos a pensar en aquel Día de Acción de Gracias no tan lejano, no podemos más que alabar a Dios por dirigirnos según su voluntad. Desde luego, han existido pruebas y luchas... siempre las habrá.

Pero ver a Dios actuando en medio de las dificultades es parte de lo que hace que la fundación de una iglesia sea algo gratificante. Estamos conmovidos e inmensamente agradecidos de que él nos haya llamado a esta obra y nos diera la oportunidad de contarle lo que hemos aprendido.

Un lanzamiento a lo grande

Mientras nos preparamos para trabajar en la estrategia y los principios que nos han ayudado tanto a nosotros como a otras iglesias de todo el país a tener un lanzamiento exitoso, queremos asegurarnos de que entienda el objetivo primordial de lo que está a punto de leer. Helo aquí: *Queremos ayudarle a comenzar una iglesia desde cero que alcance a tantas personas como sea posible, tan rápido como sea posible y con el poder del Espíritu Santo.* En otras palabras, nuestra meta es brindarle todo lo que necesita para hacer un *lanzamiento a lo grande*. Esta premisa esencial de lanzarse a lo grande guiará todos nuestros debates subsiguientes.

Un lanzamiento a lo grande representa la capacidad de una nueva iglesia de alcanzar a tanta gente como sea posible dentro de los seis a ocho primeros meses de existencia. Todo tiene que ver con el descubrimiento y la realización del potencial. Desde luego, «a lo grande» es una expresión relativa. Algunos podrían argumentar por nuestra historia anterior que no hicimos un lanzamiento a lo grande. Sin embargo, dada la cultura de la iglesia en la ciudad de Nueva York (o la falta de la misma), en realidad nos fue bastante bien. Un lanzamiento a lo grande será diferente para los distintos fundadores de iglesias en diferentes entornos. La iglesia es regional, y un lanzamiento a lo grande es tan exclusivo como la región a la cual Dios lo ha llamado. Las regiones que son receptivas al evangelio podrían contribuir a un lanzamiento mayor que las regiones por completo escépticas. También hemos visto que sucede lo inverso. No esté tan pendiente de los números. En cambio, enfóquese en el potencial de su región mientras asimila el concepto.

Al mismo tiempo, no desestime totalmente los números. Los números son importantes dado que representan las personas que usted ha ganado para Cristo, así como su impacto en la totalidad de su comunidad. Otros han peleado la batalla de la importancia de los números, así que no vamos a discutir esto aquí. No obstante, creemos que cada individuo de una comunidad es una persona importante para Dios y necesita un hogar espiritual. Dios desea que su familia sea tan grande como sea posible. Por lo tanto, los números sirven a un propósito... no como una manera de tener derecho a jactarse, sino como una herramienta para medir la expansión del reino de Dios.

Pregúntese a usted mismo: *¿Cómo sería un lanzamiento a lo grande en mi región?* Una forma de determinar una respuesta amplia es examinando lo que Dios ya está haciendo en su región y los alrededores. Cuando nos dispusimos a comenzar *The Journey*, tuvimos dificultades para encontrar iglesias comparativas porque prácticamente ninguna iglesia fundada en Manhattan justo en los años anteriores a nuestro comienzo había prosperado. En la cultura de la ciudad de Nueva York del 2002, tener ciento diez personas en el lanzamiento de una nueva iglesia era algo trascendental. Desde entonces, otras iglesias en la ciudad han tenido un lanzamiento mayor que el de nosotros. Y a propósito, somos sus admiradores más grandes. Nosotros entendemos la verdad de que Dios quiere usar muchas iglesias para alcanzar nuestra ciudad... y la suya. No se trata de una competencia.

El sueño de Dios para su iglesia es más grande que su sueño. Nuestra meta era llegar a cincuenta personas al año del lanzamiento. No obstante, una vez más, Dios tenía otros planes. Un lanzamiento a lo grande tiene que ver con *cooperar con Dios* para ver la visión divina cumplida en una región. No subestime esa visión o su capacidad de sacarle provecho. Si Dios lo está llamando a esta tarea, no va a estar jugando a las escondidas con su propia visión y metas. Aparte un momento y utilice su imaginación santificada para reflexionar acerca de cómo sería el lanzamiento a lo grande de su nueva iglesia.

Un lanzamiento rápido

Al contrario de lo que opinan algunas escuelas de pensamiento, una iglesia saludable también puede ser lanzada con rapidez. Nosotros creemos de manera absoluta que una iglesia puede comenzar a tener servicios mensuales dentro de los dos a tres meses de la llegada del pastor líder al campo… lo hemos visto una y otra vez. A partir de ese momento, recomendamos solo de tres a seis meses de servicios mensuales hasta que la iglesia comience los servicios semanales. Hemos descubierto que esta combinación de rapidez y dinamismo ha funcionado bien en las nuevas iglesias del país.

Algunos argumentan que una nueva iglesia se puede comenzar aun más rápido de lo que hemos esbozado. En efecto, en muchos otros países los movimientos de fundación de iglesias están teniendo lanzamientos en menos de una semana o incluso en un día (véase *Church Planting Movements* [Movimientos de fundación de iglesias] de David Garrison). Sin embargo, aquí en los Estados Unidos hemos encontrado que un tiempo ligeramente más largo de «preparación del lanzamiento» es más saludable para lograr un largo recorrido.

El lanzamiento de una iglesia es algo parecido a dar a luz a un bebé: el período de gestación es importante. Aunque un bebé puede sobrevivir en un nacimiento prematuro, él o ella podrían enfrentar continuos riesgos de salud como resultado. Resista la tentación de hacer un lanzamiento demasiado pronto.

Por otro lado, otros argumentan que el proceso descrito aquí es demasiado rápido. (¡Siempre encontrará a alguien que no esté de acuerdo!). Muchos proponen un período de gestación más largo para una iglesia nueva, con pequeñas reuniones, grupos esenciales y un alto compromiso inicial de parte de los primeros asistentes. Algunas iglesias permanecen en esta etapa de prelanzamiento durante doce a dieciocho meses. La triste realidad es que muchas de ellas nunca despegan de la plataforma de lanzamiento.

Siempre va a existir una persona que posponga el lanzamiento de su iglesia. Las condiciones nunca son perfectas. Una propuesta lenta de lanzamiento es perjudicial para la salud de la iglesia en su conjunto y para todos los que están involucrados. Utilice el tiempo necesario para asegurarse de que se encuentra en un sendero saludable, pero resístase a la tentación de esperar demasiado para el lanzamiento.

Un lanzamiento de afuera hacia dentro

Un lanzamiento a lo grande también incluye un lanzamiento de afuera hacia dentro... el cual tal vez sea el más radical de nuestros preceptos de «lanzamiento exitoso». Es posible por completo lanzar una iglesia en la cual los únicos cristianos en el equipo inicial sean los que integran el personal (el pastor, los líderes de adoración y sus esposas). Al edificar una iglesia desde sus bases, usted no tiene que esperar hasta que pueda atraer a un grupo de cristianos de la zona o convencer a los creyentes de otras partes para que abracen su visión y se trasladen. Dios podría traer a estas personas o no. Ellas no son necesariamente indispensables. A lo largo de la historia, Dios ha trabajado por medio de creyentes e incrédulos por igual. ¿Qué le hace pensar que su iglesia será diferente?

Mantener la meta de un lanzamiento a lo grande frente a usted provocará un cambio en el mismo ADN de su iglesia, pues tendrá un enfoque externo desde el principio. La iglesia que tiene un lanzamiento a lo grande tiende a enfocarse en los incrédulos, mientras que la iglesia que espera para el lanzamiento a menudo se distrae con las preocupaciones internas y la necesidad que percibe de «cuidar el núcleo». Mantener el enfoque de una iglesia nueva en el exterior desde el principio es mucho más fácil que tratar de reenfocar a una iglesia preocupada por lo interno.

PARA UN TIEMPO COMO ESTE

Las iglesias están haciendo lanzamientos a lo grande por todos los Estados Unidos. En nuestro trabajo con los fundadores de iglesias, hemos visto a muchas iglesias pasar de cero a más de trescientos miembros en un período de seis a doce meses utilizando la estrategia del lanzamiento a lo grande. En una ciudad del sur, con una población de ciento sesenta mil habitantes, trabajamos con una iglesia que creció de cero a más de doscientos cincuenta durante los servicios mensuales, y luego tuvieron un lanzamiento con más de trescientos miembros. Una iglesia en una de las metrópolis conocidas de la Florida (donde muchas otras fundaciones de iglesias han fracasado), después de aceptar la propuesta del lanzamiento a lo grande tuvo un lanzamiento con más de trescientas personas y por último crecieron a más de cuatrocientos miembros en ocho meses. El Señor está bendiciendo la disposición de estos fundadores de iglesias que le permiten a Dios trabajar sin limitaciones preconcebidas.

Nosotros podríamos contarle la historia de muchos otros que han visto a Dios moverse de manera similar. A menudo, la iglesia que tiene un lanzamiento a lo grande es capaz de crecer hasta llegar a varios cientos de personas (o incluso a más de mil miembros) en solo cuestión de un par de años. Este tipo de iglesia posee después la estabilidad para comenzar otra iglesia con una mayor frecuencia. ¡Si esta clase de cosecha no amplía su visión del potencial que Dios quiere alcanzar por medio de su nueva iglesia, no sabemos qué cosa lo hará! Lo que es imposible para los hombres es posible para Dios.

¡Con Dios, el lanzamiento de una nueva iglesia que impacte la comunidad de forma positiva, alcance a los perdidos, crezca con rapidez, ayude a las personas a madurar en su fe, y luego comience más nuevas iglesias en otra ciudad cercana o alrededor del mundo, es algo posible por completo! Cuando Dios lo llame a comenzar una nueva iglesia, entréguele todo el potencial y las posibilidades a él y permítale dirigir su obra. ¡Entonces, y solo entonces, su iglesia se convertirá en una iglesia con un éxito y una trascendencia mayores de los que jamás imaginó!

Al que puede hacer muchísimo más que todo lo que podamos imaginarnos o pedir, por el poder que obra eficazmente en nosotros, ¡a él sea la gloria en la iglesia y en Cristo Jesús por todas las generaciones, por los siglos de los siglos! Amén.

EFESIOS 3:20-21

El llamado a comenzar una iglesia

Llamado (sustantivo): Un fuerte impulso interior hacia un plan de acción en particular, en especial cuando es acompañado por una convicción de la influencia divina.

La mayoría de las iglesias que comienzan, fracasan dentro del primer año. ¿Por qué? Porque la mayoría de los fundadores comienzan una iglesia sin un claro llamado de Dios. Para poder fundar una iglesia con éxito, *usted tiene que estar persuadido por completo del llamado de Dios*. Punto. No hay forma de alterar esa verdad. Una iglesia próspera siempre ha sido —y siempre será— edificada sobre la base de un llamado personal, no de una elección personal. Por lo tanto, antes de seguir con los detalles del lanzamiento de una iglesia creciente, vamos a asegurarnos de que esté siguiendo la dirección de Dios.

¿Tiene la seguridad de que Dios lo ha llamado a comenzar una nueva iglesia? No le estamos preguntando sobre su llamamiento al ministerio, el pastorado o a ayudar a la gente, sino en específico sobre su llamamiento a comenzar una iglesia. El llamado a comenzar una nueva iglesia no es lo mismo que el llamado a servir en una iglesia ya existente o a trabajar en una organización relacionada con el ministerio. Usted podría ser el predicador más importante, al estilo de Billy Graham, pero no haber sido llamado a fundar una iglesia.

En las sesiones de consejería matrimonial que conducimos en *The Journey*, a menudo tratamos de disuadir a la gente en cuanto al matrimonio. No nos malinterprete, todos nosotros estamos a favor del matrimonio… siempre y cuando sea ordenado por Dios. No obstante, si Dios no está detrás del mismo, el desastre será inevitable. Y nosotros tratamos de prevenir que eso ocurra. Aunque deshacer un noviazgo es doloroso (a veces hasta traumático), es mucho más fácil que deshacer un matrimonio. Hacer a un lado la decisión tomada por nuestra propia voluntad evitará una gran pena en el futuro. Así ocurre con el llamado a comenzar una iglesia. Si podemos disuadirlo de comenzar una iglesia, va a dolerle un poco ahora, pero esto evitará que usted, su familia y la gente que le rodea experimenten una gran pena en el futuro. Y si usted ha sido en verdad llamado por Dios a comenzar una nueva iglesia, no habrá forma de disuadirlo.

Volvamos a nuestra pregunta: ¿Tiene usted la seguridad de que Dios lo ha llamado a comenzar una nueva iglesia? Conocer cuáles pueden ser las consecuencias de un llamado equivocado le ayudará a reflexionar en su respuesta. Hay, por supuesto, docenas de factores que dan origen a un llamado equivocado, pero estos son los más frecuentes:

- Desempleo
- Enojo o resentimiento contra otro pastor
- Estar descontento con el equipo ministerial
- Es más fácil que buscar una posición en un ministerio ya existente
- El padre o el abuelo fundaron una iglesia
- El ego
- Es lo que está «de moda».

Si usted piensa que podría haber permitido que un motivo, una voz o una emoción equivocada lo condujeran a la idea de comenzar una nueva iglesia, abandone tal pensamiento ahora mismo. Pase algún tiempo más con Dios. Busque el consejo de alguien en el ministerio que lo conozca y pueda ayudarle a obtener algo de perspectiva. Usted no tiene que seguir adelante por una corazonada o porque se siente «bastante seguro» en cuanto a plantar una iglesia. Tiene que estar seguro por completo. El Señor amonesta con claridad a aquellos que siguen adelante sin un llamado:

> Yo estoy contra los profetas que cuentan sueños mentirosos, y que al contarlos hacen que mi pueblo se extravíe con sus mentiras y sus presunciones —afirma el Señor—. Yo no los he enviado ni les he dado ninguna orden. Son del todo inútiles para este pueblo —afirma el Señor (Jeremías 23:32).

Por otro lado, cuando usted sabe que ha sido llamado por Dios, puede actuar con valentía y decisión en cualquier situación. Aunque indudablemente habrá momentos y hasta períodos de incertidumbre, saber que usted fue llamado a la obra que está realizando es lo que le ayudará a seguir adelante. El primer año de una iglesia nueva no es fácil. A menudo, la seguridad de su llamado es lo único que tiene para mantenerse firme. Por lo tanto, estar seguro de que ha sido llamado es absolutamente crucial.

Vamos a echarle un vistazo a las maneras de reconocer un llamado genuino.

- *Oración y estudio de la Biblia.* Dios llama y confirma su llamado por medio de la oración y el estudio de la Biblia. La persona que es llamada, a menudo siente que Dios confirma su llamado cada vez que ora y lee la Biblia.

- *Sorpresa.* Un llamado sorpresa tiene lugar con mayor frecuencia de lo que usted piensa. El ministerio podría no haber estado nunca en sus propios planes para su vida, cuando (¡sorpresa!) Dios intercepta sus planes. Se ha dicho: «Cuando Dios se mueve en mi vida, todo lo que me es conocido se vuelve incómodo».[1] Este llamado sorpresa conduce a un giro de ciento ochenta grados en el enfoque de la carrera y la vida.

- *Descontento santo.* Aunque el enojo, el resentimiento o el descontento hacia una iglesia o pastor puede ser el origen de un llamamiento equivocado, un llamado genuino por lo general estará acompañado de un sentimiento de descontento santo. Esta clase de descontento no está enfocado en los problemas dentro de un ministerio, sino en el deseo de mejorar la situación en una comunidad en particular. El descontento santo además tiene lugar cuando usted ha ignorado el llamado de Dios en su vida y se da cuenta de que no encontrará satisfacción hasta que se rinda a la voluntad de Dios para comenzar una iglesia.

- *Carga por los incrédulos.* Un llamado genuino siempre está acompañado del deseo de alcanzar a los incrédulos. Si su meta es transformar a los cristianos de su comunidad, es seguro que no ha sido llamado a comenzar una nueva iglesia. Sin embargo, si tiene una fuerte pasión por alcanzar a los incrédulos, podría estar escuchando un llamado de Dios.

- *Consejo divino.* Un llamado genuino estará acompañado de la confirmación de aquellos que lo rodean. Busque a otros líderes y (en oración) juzgue la respuesta de ellos a su llamado.

LOS CUATRO LLAMADOS DE UN FUNDADOR DE IGLESIAS

1. Su llamado a comenzar una iglesia

«Antes de formarte en el vientre, ya te había elegido; antes de que nacieras, ya te había apartado; te había nombrado profeta para las naciones … porque vas a ir adondequiera que yo te envíe, y vas a decir todo lo que yo te ordene. No le temas a nadie, que yo estoy contigo para librarte». Lo afirma el SEÑOR (Jeremías 1:5,7-8).

Si usted ha sido llamado a comenzar una iglesia, no solo estará persuadido por completo de ello, sino que además podrá confiar en que Dios lo equipará y facultará para hacer la obra que le ponga por delante. Cuando el Señor lo elige, es porque sabe que usted puede cumplir el llamado valiéndose de la fortaleza de Dios. Los sentimientos de insuficiencia con los que podría luchar no tienen lugar en el llamado de Dios.

Andy Stanley les plantea este desafío a los potenciales líderes llamados por Dios: «¿Tiene miedo? Y qué. Todos tenemos miedo. El miedo es común a la humanidad. La pregunta con la que usted tiene que luchar es: "¿Voy a permitir que el miedo me ate a la mediocridad?"».[2] Usted debe decidir caminar hacia la aventura del llamado que siente que Dios le está haciendo.

2. Su llamado a comprender el llamado de su cónyuge

«Por eso dejará el hombre a su padre y a su madre, y se unirá a su esposa, y los dos llegarán a ser un solo cuerpo» (Marcos 10:7-8).

Si usted está casado, Dios no lo llamará sin confirmarle el llamado a su cónyuge. Vaya despacio en este ámbito y hable con claridad con su cónyuge acerca de lo que Dios está haciendo en su corazón. El llamado a comenzar una nueva iglesia no es fácil para un matrimonio. Una comunicación franca y sincera a lo largo del proceso es algo crucial.

Cuando comienza el proceso de discernimiento, hay varias cosas que necesita comprender con relación al llamado de su cónyuge:

- *El tiempo de su llamado podría no coincidir con el tiempo del llamado de su cónyuge. Si su llamado llega primero, sea paciente y permita que Dios le hable a su cónyuge según su propio tiempo. No presione. Así como Dios los llamó a unirse en matrimonio, los llamará a unirse para comenzar una iglesia. Si usted avanza sin su cónyuge, no solo actuará fuera de la voluntad de Dios para su matrimonio, sino además pondrá a su futura iglesia en peligro. Si el llamado de su cónyuge llega antes que el suyo, reconozca que Dios podría estar usando a su cónyuge para incitarlo con amabilidad (o no tan amablemente) a seguir adelante con el plan de Dios.*

- *La intensidad de su llamado podría no coincidir con la intensidad del llamado de su cónyuge. Aunque a veces ambos cónyuges reciben un intenso llamado a comenzar una iglesia juntos, no es inusual que uno reciba un llamado a cumplir un rol más de apoyo. No dé por sentado que su cónyuge no está en sincronía con usted porque sus niveles de pasión no están equiparados. El objetivo es la confirmación de un llamado mutuo, no una intensidad mutua.*

- *Asegúrese de que su cónyuge esté enterado, involucrado y comprometido por completo. Si su cónyuge no está totalmente enterado, involucrado y comprometido, no siga adelante. Esta es su oportunidad de ser un buen oyente. Permita que su cónyuge le cuente lo que piensa de usted. No tome ninguna decisión sin escuchar el punto de vista de su cónyuge e involucrarse con él o ella en el proceso. Antes de dar un paso hacia su llamado, revise, vuelva a revisar y pídales a los amigos de su cónyuge que verifiquen si él o ella está en realidad comprometido. Su llamado al matrimonio siempre tiene prioridad por sobre su llamado a comenzar una iglesia.*

3. Su llamado a un lugar

«Por la fe Abraham, cuando fue llamado para ir a un lugar que más tarde recibiría como herencia, obedeció y salió sin saber a dónde iba» (Hebreos 11:8).

El llamado a un lugar específico puede venir como parte de su llamado original o más tarde. Por lo general, hay una clara correlación entre quién es usted y el lugar a donde Dios lo llama a plantar una iglesia. Mientras muy pocas personas son llamadas a los ministerios transculturales, la mayoría de nosotros somos llamados a lugares que encajan con nuestra personalidad o nuestras experiencias de vida. Si usted es llamado a comenzar una iglesia, en este preciso momento Dios lo está preparando en específico para ese lugar. Dios además está preparando ese lugar para usted.

Mientas mi esposa, Lorie, y yo (Kerrick) estábamos haciendo un curso de postgrado en Princeton, Nueva Jersey, me encontraba trabajando en una iglesia de los suburbios bajos del este de Manhattan. Durante ese tiempo, Dios colocó una innegable pasión en nuestros corazones por la ciudad de Nueva York. Después de la graduación, se nos presentaron varias oportunidades de trasladarnos a otras partes del país para trabajar en el ministerio.

Una vez tuvimos una entrevista en una maravillosa iglesia en otra parte del país. Poseía una ubicación perfecta, ofrecían un tremendo salario y oportunidades ilimitadas. Sin embargo, después de la entrevista, Lorie y yo nos miramos el uno al otro y al mismo tiempo dijimos: «No puedo quitarme a Nueva York de la cabeza». Nosotros sabíamos que si no cumplíamos con lo que Dios estaba colocando en nuestro corazón, lo lamentaríamos por el resto de nuestras vidas. Dos meses más tarde, estábamos en Manhattan buscando un departamento en East Village y preparándonos para comenzar una iglesia. El llamado fue innegable: fuimos llamados juntos a un lugar específico para una tarea determinada.

Si usted ya sabe dónde ha sido llamado a comenzar una nueva iglesia, piense en cómo Dios lo ha preparado para ese lugar. ¿Qué le han proporcionado sus experiencias de vida que le ayudará a relacionarse con esa comunidad? ¿Puede ver cómo Dios ya ha estado trabajando en usted? Si aún no está seguro del lugar dónde debería comenzar su nueva iglesia, estas preguntas le podrían ayudar a aclarar esa parte de su llamado:

- *¿Lo ha llamado Dios a dejar su hogar actual? Tenga en cuenta que podría ser que ya esté en el lugar al cual fue llamado.*

- *¿Siente pasión por un área particular del país o el mundo? ¡Tenga cuidado de no confundir la pasión con su preferencia personal! Si usted sabe que Dios le ha dado pasión por un lugar específico, examine con cuidado la posibilidad de estar siendo llamado a ese lugar.*

- *¿Alguna vez le ha dicho a Dios: «El último lugar del mundo al que me gustaría ir a vivir es _____»? Ese podría ser justo el lugar a donde él lo está llamando. ¿Recuerda a Jonás?*

Si le está costando precisar el lugar en el que Dios quiere que comience una nueva iglesia, dedique un tiempo para hacer algunas investigaciones, hable con otros líderes ministeriales, ore con su esposa y examine algunos ejemplos de la Escritura.

4. Su llamado a una población

«Ante esa visión, caí rostro en tierra y oí que una voz me hablaba. Me dijo: "Hijo de hombre, te voy a enviar a los israelitas. Es una nación rebelde que se ha sublevado contra mí. Ellos y sus antepasados se han rebelado contra mí hasta el día de hoy"» (Ezequiel 1:28; 2:3).

El lugar a donde sea llamado estará lleno de diferentes tipos de personas: jóvenes, viejos, ricos, pobres, solteros, casados, etc. En el próximo capítulo examinaremos cómo determinar qué grupo demográfico estará asistiendo a su iglesia. Sin embargo, utilice su imaginación y comience a pensar en el tipo de personas que Dios lo ha llamado a alcanzar. El llamado universal entre los fundadores de iglesias es el de alcanzar a aquellos que no tienen una relación con Jesús. Cualquiera sea el grupo de personas al que el Señor lo haya llamado a servir, estará compuesto por aquellos que no conocen a Dios.

Nueva York es una ciudad internacional. Abundan las variedades étnicas o los grupos religiosos. La ciudad, además, es económicamente diversa. Los más ricos viven justo al lado de los más pobres. Cuando orábamos en *The Journey* por las personas a las que Dios nos estaba llamando, nos dimos cuenta de que en Nueva York predominaban las iglesias cuyos ministerios estaban enfocados en el pobre y el indigente. Sin embargo, prácticamente no había iglesias que estuvieran equipadas o tuvieran una pasión por los jóvenes profesionales de la ciudad.

Dios no solo colocó una ardiente pasión en nuestro corazón por los jóvenes profesionales de Manhattan, sino que además nos ayudó a reconocer que ellos componían el grupo con el que mejor nos podíamos identificar. Dios nos dio el deseo de alcanzar a la población que estábamos más equipados para alcanzar de acuerdo a nuestros dones y experiencias. El hecho de ser llamados en específico a alcanzar a los jóvenes profesionales no significa que ignoramos las otras necesidades de nuestra ciudad. No obstante, nuestro corazón se conmueve al pensar en todos los jóvenes profesionales que viven sin Dios en esta ciudad competitiva.

Cuando usted piensa en el grupo de personas que podría estar llamado a alcanzar, ¿su corazón se conmueve por ellos? En ese caso, tendría que considerar si Dios lo está llamando en específico a alcanzar a ese grupo para su reino.

Características de un llamado

Ahora que sabe cuál es el origen debido e indebido de un llamamiento y conoce los cuatro llamados que encontrará como un fundador de iglesias, evalúe su llamado a la luz de las características bíblicas de un llamamiento divino. Estas incluyen las siguientes:

- *¿Es claro su llamado? Como Pablo nos enseñó: «Dios no es un Dios de desorden sino de paz» (1 Corintios 14:33).*

- *¿Recibió la confirmación de los demás en cuanto a su llamado? Cuando usted es llamado a comenzar* *una iglesia, recibirá una confirmación de aquellos que le rodean.*

- *¿Se siente empequeñecido ante el llamado? La humildad es el resultado apropiado de un verdadero llamado. ¡Si el llamado no es más grande que usted, podría provenir de usted mismo y no de Dios!*

- *¿Ha respondido a su llamado? Cuando Dios llama, no se puede ignorar su voz. La Biblia nos enseña este principio en Mateo 4:19-20: «"Vengan, síganme —les dijo Jesús—, y los haré pescadores de hombres". Al instante dejaron las redes y lo siguieron» (énfasis añadido).*

Teniendo en cuenta toda la información que acaba de recibir, volvemos a plantearle la pregunta en cuestión: ¿Tiene la absoluta seguridad de que Dios lo ha llamado a comenzar una nueva iglesia? Especifique. ¿Cuándo fue llamado exactamente? ¿Cuáles fueron las circunstancias que rodearon su llamado? ¿Se ajusta al origen genuino de un llamado? ¿Reconoce usted los cuatro llamados específicos en su llamamiento? ¿Cómo? ¿De qué manera se ajusta su llamado a las características bíblicas? ¿Cuál es la visión de Dios que resulta del llamado que él le está haciendo?

Mientras piensa en su respuesta a estas preguntas, le animamos a comenzar un diario con relación a la fundación de una iglesia. En este diario podrá registrar sus pensamientos acerca de su llamado, su visión para el futuro, y en última instancia su fecha de lanzamiento. Comience hoy mismo a documentar su llamado. Y escriba en tinta, pues una vez que haya avanzado, querrá volver a confirmar su llamado una y otra vez.

LA RESPUESTA AL LLAMADO

El llamado al ministerio es en verdad un llamado a prepararse. He aquí algunas maneras de comenzar a prepararse para el llamado de comenzar una nueva iglesia.

Prepárese para ser líder

Comenzar una iglesia desarrollará su capacidad de liderazgo de una manera que nunca ha imaginado. El nivel de su capacidad en este ámbito ayudará o entorpecerá su desarrollo. Usted necesita apartar tiempo para prepararse como líder; aunque nunca antes lo haya sido. Dios suplirá lo que necesita mientras usted hace su parte para aprender. Nuestra oración en *The Journey* siempre ha sido: «Dios, transfórmanos en los líderes que necesitamos ser para dirigir esta iglesia hacia su futuro». ¡Esto es lo que él siempre ha hecho y sigue haciendo!

Otros autores han cubierto el ámbito del liderazgo en gran detalle (véase el apéndice C para encontrar los recursos recomendados), sin embargo, para ponerlo a pensar, aquí están algunos aspectos claves que querrá estudiar:

- Espíritu empresarial
- Innovación
- Dirección de personal
- Delegación
- Estudio de mercado
- Desarrollo organizacional
- Contabilidad

Prepárese para enseñar

La capacidad de enseñar y la capacidad para comenzar una iglesia exitosa van mano a mano. Aunque usted haya sido dotado de forma natural para la enseñanza, debe continuar preparándose y fortaleciendo sus habilidades. Prepárese para enseñar de una manera que beneficie a las personas que ha sido llamado a alcanzar. Para muchos esto podría significar dejar a un lado el estilo de enseñanza que ha venido utilizando en otras iglesias. Dedique un tiempo para aprender de aquellos que tienen ministerios de enseñanza eficaces en el país.

Tenga presente que sus enseñanzas irán más allá de lo que hace en un servicio de adoración. Al comienzo de la iglesia estará enseñando constantemente. Le enseñará su visión a su primer grupo ministerial. Le enseñará su plan a los potenciales patrocinadores. Le enseñará su estrategia a la comunidad. Le enseñará su método al laicado. Usted mismo aprenderá qué significa ser pastor de una iglesia creciente. Las iglesias fuertes son edificadas por maestros fuertes.

Prepárese para depender de Dios

Así como su liderazgo y su capacidad de enseñar se desarrollarán, también su fe lo hará. Comenzar una iglesia desde cero es una aventura de fe. A cada momento Dios estará enseñándole y llevándolo a depender de él de un modo más profundo. He aquí la clave: En la medida que su dependencia de Dios crezca, también su iglesia crecerá.

Al final, el llamado de Dios siempre conduce a la aventura. Cada vez que respondemos a la voz de Dios en nuestras vidas, damos un paso más allá de nuestra zona de comodidad hacia lo absolutamente desconocido. Es entonces cuando estamos viviendo por fe. Es entonces cuando debemos depender por completo de Dios. Es entonces cuando nos encontramos en medio de la aventura. Como John Eldredge dice: «La única manera de vivir esta aventura —con todos sus peligros, incertidumbres y riesgos tan inmensamente grandes— es por medio de una relación íntima y continua con Dios. El control que con tanta desesperación ansiamos es una ilusión. Es mucho mejor renunciar a él a cambio del compañerismo que Dios nos ofrece».[3]

Así que prepárese... responder al llamado de Dios para comenzar una iglesia no es nada más que una aventura de fe intensiva. ¿Tiene la certeza de que Dios lo ha llamado a comenzar una nueva iglesia? ¡Si usted puede responder con un «sí» rotundo, deje que la aventura comience!

Permanezcan en mí, y yo permaneceré en ustedes.
Así como ninguna rama puede dar fruto por sí
misma, sino que tiene que permanecer en la vid,
así tampoco ustedes pueden dar fruto si no permanecen en mí.

JUAN 15:4

Notas

1. Ron Sylvia, *Starting High Definition Churches* [Cómo comenzar iglesias de alta definición], High Definition Resources, Ocala, FL, 2004.
2. Andy Stanley, *El líder de la próxima generación: Los cinco requisitos de aquellos que formarán el futuro*, Multnomah Publishers, Inc, Sisters, OR, n.p.
3. John Eldredge, *Salvaje de corazón*, Thomas Nelson, Inc., Nashville, TN, p. 214.

Capítulo 3

El desarrollo de una estrategia

El éxito comienza con un plan específico que lo lleve de donde se encuentra a donde quiere estar. En otras palabras, el éxito comienza con una estrategia. Ya sea que tenga la esperanza de hacer crecer una empresa, formar una familia, recibir educación o fundar una nueva iglesia, usted debe tener una estrategia en funcionamiento antes de alcanzar el éxito. Nada sucede por casualidad. Solo conseguimos lo que planeamos conseguir. Así como Dios tuvo una estrategia para suspender las estrellas y Edison para inventar la bombilla eléctrica, usted necesitará una estrategia para crear una iglesia que tendrá un impacto significativo para el reino de Dios.

Los licuados y la estrategia moderna

En 1954, Ray Kroc, un vendedor de licuadoras de mediana edad, escuchó acerca de un pequeño restaurante en San Bernardino que estaba vendiendo suficientes licuados como para necesitar ocho licuadoras. El pequeño restaurante era un negocio de hamburguesas manejado por dos hermanos, Dick y Maurice McDonald. Como cualquier buen vendedor de licuadoras hubiera hecho, Kroc decidió convencer a los hermanos McDonald de que necesitaban abrir más sucursales. (Desde luego, aquello significaría un aumento vertiginoso de licuadoras para Kroc). Incluso se ofreció a dirigir la nueva sucursal para este par de hermanos maduros. Ellos estuvieron de acuerdo. Después de algunos años, Kroc presentó en sociedad a los hermanos, y así nació una nueva franquicia.

Lo que conocemos como McDonald's, o en realidad como la franquicia modelo en general, no sucedió simplemente porque Ray Kroc convenciera a los hermanos McDonald de expandirse. Kroc edificó el imperio McDonald's por medio de la aplicación de una estrategia fundamental muy específica... una que aún sigue promoviendo el crecimiento y desarrollo de McDonald's. La competencia de una franquicia radica en el diseño de una estrategia que funcione y en el compromiso con la misma.

Cada vez que usted entra a McDonald's, sabe exactamente qué esperar. Nunca tiene que preguntarse si lo sorprenderán con una clase de queso diferente o una salsa especial cuando ordena una hamburguesa. ¿Y ha notado alguna vez que usted sabe exactamente dónde está el baño antes de ni siquiera haber entrado?

Cada McDonald's del mundo está comprometido con la misma estrategia estricta, la cual es el motivo de tanto éxito. Los empleados de McDonald's deben ser entrenados en la «Universidad de la Hamburguesa». Ellos saben cómo consumar su orden sin hacerlo esperar. Saben formular la pregunta exacta que lo haga feliz e incremente los réditos de la compañía. McDonald's también conoce los pasos exactos que debe dar para alcanzar a la comunidad.

¿Puede imaginarse que Ray Kroc hubiera sido un tanto descuidado en su planificación? ¿Qué habría ocurrido si hubiera presentado en sociedad a los hermanos McDonald y luego dicho: «Saben, estas hamburguesas son ricas, pero a mí me gusta la carne asada. Vamos a incluirla en el menú de algunas sucursales. ¡Ah! Y no se preocupen por los uniformes, vistan lo que les quede mejor. ¿Establecerse metas? No, solo tomen las cosas como vengan». Obviamente, la sucursal de McDonald's de su localidad (porque debe haber una sucursal de McDonald's en su localidad) no existiría.

Desde luego, usted no está comenzando un negocio. Sin embargo, aunque su objetivo no sea servirle hamburguesas al mundo, los principios del desarrollo y la aplicación de una estrategia son igual de esenciales para su éxito en la fundación de una iglesia. Sin un plan estratégico específico bien planeado, es imposible lanzar un restaurante exitoso, una escuela secundaria, una biblioteca, un zoológico en Kalamazoo… o una iglesia. Como fundador de iglesias, usted estará contento de escuchar que Ray Kroc no fue el que inventó el concepto del éxito por medio de una estrategia específica. Lo hizo Dios.

El diseño bíblico

La Biblia está llena de estrategias, tanto humanas como divinas. En Génesis 1, el plan de Dios para la creación es obvio. Cada día, Dios creó algo específico, y cada cosa que él creó vino en una progresión lógica. El primer día, Dios creó los cielos y la tierra, y el día y la noche. El segundo día, Dios creó la atmósfera. Y así sucesivamente. Él no creó a Adán hasta que la tierra pudiera sustentar al hombre. La creación fue estratégica.

Más adelante, mientras avanzamos hasta los libros de Josué, 1 y 2 Samuel, y 1 y 2 Reyes, encontramos varios ejemplos de estrategias que son humanas en su origen, bendecidas por Dios y exitosas en sus resultados. Nehemías es un ejemplo en particular poderoso de Dios implantando y ordenando los planes de un hombre para que le proporcionen gloria a su nombre (véase Nehemías 1—8). Cuando Nehemías se enteró de que los muros de Jerusalén estaban en ruinas, comenzó a orar por la humillación que tales ruinas les habían traído a los hebreos. Dios le dio a Nehemías la visión de reedificar los muros y después comenzó a mostrarle cómo actuar. Nehemías desarrolló una estrategia clara para la reedificación de los muros de Jerusalén, la cual comprendía al personal, los materiales, un presupuesto y un cronograma de tiempo. Bajo su liderazgo estratégico e inspirado por Dios, los muros que habían estado derribados durante años fueron reconstruidos en solo cincuenta y dos días. Nótese que la oración fue el primer paso de Nehemías. Él luego se aferró a la visión dada por Dios y diseñó un plan específico para cumplir con el propósito del Señor.

En el Nuevo Testamento, Jesús a menudo trabaja por medio de estrategias inspiradas por Dios. En Marcos 6:7-13, encontramos que Jesús emplea la estrategia de enviar a los discípulos de dos en dos. Él les dice lo que pueden esperar y qué hacer si las cosas no salen de acuerdo a lo planeado. En Mateo 28:18-20, Jesús presenta la estrategia redentora de Dios para toda la humanidad: la Gran Comisión. En Hechos 1:8, Jesús les da sus mandamientos finales a sus discípulos. Él les presenta con claridad un plan estratégico para alcanzar al mundo, instruyéndolos para comenzar su proceso de evangelización en Jerusalén, luego ir a Judea, Samaria y finalmente hasta lo último de la tierra. ¡Ahora bien, esta es la estrategia para comenzar una iglesia!

Desde Génesis hasta el Nuevo Testamento, las estrategias bíblicas varían en duración y alcance. Algunas tienen un transcurso de solo unos pocos días, tales como la obra de Dios en Génesis 1. Otras se extienden durante meses, como por ejemplo la reconstrucción de los muros de Jerusalén por Nehemías. Y otras incluso se extienden hasta la eternidad.

La estrategia más grande de todas es la estrategia de Dios para la redención de la humanidad. Desde el mismo comienzo, Dios ha tenido un plan para redimir a su creación y restaurar la relación rota entre él mismo y el hombre. Dios ha planeado que nosotros pasemos la eternidad con él. La estrategia divina para la redención sigue vigente de generación en generación, y continuará hasta el regreso de Jesucristo. Si en verdad ha sido llamado a comenzar una iglesia, se está convirtiendo en una parte integral de la estrategia más significativa jamás concebida. Este, definitivamente, no es tiempo de improvisar.

Uno de los errores más comunes que cometen algunos fundadores de iglesias entusiastas y bienintencionados es trasladarse a una nueva ubicación y comenzar a alcanzar a la gente sin pensar siquiera en una estrategia a corto plazo. A veces la causa no es la renuencia a planificar con tiempo, sino simplemente el simple entusiasmo mal dirigido o la presión por presentar resultados inmediatos. Sin embargo, como dice el antiguo adagio: «Si fallas en planificar, estás planificando fallar». La Biblia es clara al respecto:

«Supongamos que alguno de ustedes quiere construir una torre. ¿Acaso no se sienta primero a calcular el costo, para ver si tiene suficiente dinero para terminarla? Si echa los cimientos y no puede terminarla, todos los que la vean comenzarán a burlarse de él, y dirán: "Este hombre ya no pudo terminar lo que comenzó a construir".

»O supongamos que un rey está a punto de ir a la guerra contra otro rey. ¿Acaso no se sienta primero a calcular si con diez mil hombres puede enfrentarse al que viene contra él con veinte mil? Si no puede, enviará una delegación mientras el otro

está todavía lejos, para pedir condiciones de paz»
(Lucas 14:28-32).

Ray Kroc no edificó un solo McDonald's sin una estrategia. Un ejército no marcha a la guerra sin primero planificar los detalles para obtener la victoria. Dios no estableció el plan redentor para el mundo sin una precisa planificación anticipada. Entonces, ¿por qué consideraría la posibilidad de comenzar una iglesia (la única institución que Jesús dejó tras de sí y la única que permanecerá para siempre; véase Mateo 16:18) sin primero desarrollar una estrategia específica y provechosa diseñada por Dios?

DEFINICIÓN DE ESTRATEGIA

Una estrategia es simplemente un plan lógico que lo lleva de donde usted está a donde Dios quiere que esté. Una estrategia bien diseñada le ayudará a ser más fiel y productivo en lo que Dios le ha llamado a hacer. La realidad es que Dios lo ha llamado para algo grande. Comenzar una iglesia desde cero no es una empresa pequeña. No obstante, si Dios en realidad le ha dado la visión de alcanzar a su pueblo, puede estar seguro de que él tiene una idea definida de cómo quiere que usted lo haga. Los caminos de Dios son más grandes que los del hombre. Consuélese con el hecho de que Dios tiene un plan específico para llevar su iglesia al lugar donde necesita estar.

Una estrategia práctica le ahorrará tiempo, energía y dinero. Solo piense en el pueblo de Israel deambulando por el desierto después de haber sido liberado de la esclavitud en Egipto. Aunque Dios les había dado la visión de la tierra prometida, no diseñaron un plan lógico para llegar allí. A decir verdad, debido a la desobediencia de Moisés, los israelitas deambularon por el desierto durante cuarenta años. Afortunadamente, si escuchamos a Dios con relación a este tema de la necesidad de una estrategia, no tendremos que deambular por el desierto de las dificultades del ministerio.

Las siguientes son solo algunas de las razones prácticas para que, ahora mismo, comience a planificar su estrategia:

- *Una estrategia es un documento de fe.* Dios nos recompensa de acuerdo a nuestra fe. ¡Su estrategia es una declaración escrita de cuánto espera de Dios!

- *Una estrategia exitosa proporciona una estructura.* Rick Warren dice que usted puede estructurar su iglesia para el control o para el crecimiento, pero no puede tener ambas cosas. Su estrategia le ayudará a estructurar de la manera correcta desde el principio. La estructura es esencial en la vida del líder.

- *Desarrollar una estrategia le obliga a escribir en un papel lo que piensa.* Escribir lo que uno piensa en un papel conduce a una mayor claridad. La planificación no puede tener lugar en lo abstracto. En Habacuc 2:2 el Señor ordena: «Escribe la visión, y haz que resalte claramente en las tablillas, para que pueda leerse de corrido». Los psicólogos modernos apoyan la noción bíblica de que escribir los planes y metas en un papel es un ingrediente clave para el éxito.

- *Una estrategia proporciona enfoque.* Con gran frecuencia, la atención de un fundador de iglesias se reparte entre cientos de asuntos diferentes. Su estrategia le ayudará a volver a lo primordial.

- *Una estrategia exige una investigación.* Como recalcaremos más adelante, la investigación es importante para la edificación de su iglesia. Usted tendrá que pasar algún tiempo reuniendo datos, estadísticas e información pertinente para establecer una iglesia prolífera en su localidad.

- *Una estrategia es algo bueno para su equipo.* Cualquiera que esté bajo su liderazgo necesita tener un claro sentido de a dónde se dirige antes que lo siga. Un equipo puede ponerse de acuerdo y concentrarse en una fuerte estrategia.

- *Una estrategia le ahorra tiempo.* Por cada minuto que usted pasa planificando, ahorra una hora de implementación. Si usted se dedicara a desarrollar una estrategia, ahorraría horas y horas de angustia y duro trabajo durante el camino.

- *Una estrategia hace que sea más fácil pedirle ayuda a los demás.* La gente por lo general rechaza cualquier cosa que le resulte confusa. Al comenzar a formar un equipo de lanzamiento, recaudar fondos y demás, su estrategia será un medio de proveerles claridad a sus patrocinadores.

- *Una falta de estrategia limitará el crecimiento de su iglesia.* Ya se ha dicho lo suficiente.

LOS PRINCIPIOS DEL DESARROLLO DE UNA ESTRATEGIA

Antes de que pueda comenzar a crear una estrategia para su nueva iglesia, primero necesita entender algunos de los principios fundamentales del desarrollo de una estrategia.

Los siguientes son cinco principios que, si los toma en serio, le ayudarán a crear una estrategia exitosa.

1. El principio de emplear el esfuerzo

La experiencia dice que hay dos tipos de dolor: el dolor de la disciplina en la etapa inicial y el dolor del arrepentimiento en la etapa final. En lo que respecta al desarrollo de la estrategia, usted es el que decide con qué dolor va a vivir. (¡Por supuesto, le sugerimos que sea con el primero!). El desarrollo de una estrategia conlleva un arduo trabajo. Es un largo proceso que probará y ejercitará su vida. Sin embargo, el éxito está relacionado por completo con dicho proceso: «El de manos diligentes gobernará; pero el perezoso será subyugado» (Proverbios 12:24).

2. El principio de la aplicación conveniente

Aunque usted puede aprender de los demás, no puede copiar la estrategia de otra persona. En este libro le ofreceremos como ayuda estrategias generales de referencia y varios consejos para comenzar su iglesia; no obstante, tendrá que aplicar la información con cuidado, de una manera que sea conveniente a su situación. Dios tiene un plan exclusivo para cada fundador de iglesias.

3. El principio de la simpleza luego de la complicación

Cuando desarrolle su estrategia, todo se va a poner muy complejo antes de que se simplifique. Hay un viejo adagio entre los estrategas que dice que usted primero se va a volver loco, después se va a concentrar, y luego lo logrará. Así que prepárese para volverse un poco loco. Genere tantas ideas como le sea posible. Utilice muchas hojas de papel. Continúe con el proceso y todo comenzará a aclararse.

4. El principio de la comunicación directa

Cuando piense en cómo desarrollar su estrategia, procure que sea algo fácil de entender. Jesús por lo general hablaba en un lenguaje simple, y lo mismo debería hacer usted. Utilice un lenguaje simple y directo. A algunas personas les gusta utilizar palabras complicadas como una manera de encubrir su falta de coordinación de pensamientos. (¡Algunos hacen esto en sus predicaciones también!). Procure que su estrategia sea lo suficiente fácil como para que la entienda un niño de ocho años. Un lenguaje florido y «cristianizado» solo será un estorbo.

5. El principio de la dependencia santa

A lo largo de este proceso de desarrollo de la estrategia, asegúrese de depender por completo del Espíritu Santo. Dios ya ha elaborado el diseño para su iglesia, así que solo pídale que se lo revele. Él le dará toda la sabiduría que necesita si es sensible a lo que le está diciendo.

Antes de volver nuestra atención hacia los pormenores de una estrategia exitosa, permítame animarle a dejar de leer y dedicar un momento para orar. Pídale a Dios que abra su mente, su corazón y su intelecto para recibir lo que él quiera transmitirle. El desarrollo de una estrategia requiere de consistencia en la oración. Así que aparte un momento para dedicarle este proceso y toda su planificación a Dios.

EL DESARROLLO DE UNA ESTRATEGIA DE INICIO

El resto de este capítulo se enfocará en describir una estrategia de inicio para su nueva iglesia. Para poder tener una estrategia exitosa, primero necesitará entender los ocho elementos claves que tal estrategia comprende y verlos en el contexto de un documento estratégico vigente. Con el fin de ayudarlo, hemos creado un ejemplo resumido de lo que podría ser su estrategia inicial (véase la figura 1A), con su descripción de los elementos inherentes. (Las hojas de ejercicios también están disponibles en www.churchfromscratch.com).

OCHO ELEMENTOS CLAVE DE UNA ESTRATEGIA DE INICIO

1. Declaración del propósito, la misión y la visión

Mucho se ha dicho en cuanto a las diferencias entre la declaración de propósito, misión y visión. Aunque estas son discusiones válidas, nosotros sostenemos que la mayoría de los fundadores de iglesias pasan demasiado tiempo concentrándose en este asunto cuando deberían estar enfocándose en otros aspectos de su estrategia. Si su iglesia triunfa, sin que importe cómo usted defina esto, nadie va a venir y le va a echar en cara que su declaración está algo fuera de lugar. Básicamente, una declaración de propósito, misión y visión proporcionan principios directivos que describen lo que Dios lo ha llamado a hacer (misión), cómo lo va a hacer (propósito) y cómo será al final (visión). Procure que su declaración sea simple. Sea tan preciso como pueda. (Para algunos excelentes recursos sobre estas declaraciones, véase el apéndice C).

2. Valores fundamentales

Los valores fundamentales son el filtro a través del cual usted cumplirá su estrategia. Estos son importantes, porque toda su estrategia será creada e implementada de tal modo que le dé vida a sus valores fundamentales. En general, usted no tendrá más de doce valores fundamentales. Si no tiene ninguno o está inseguro de cómo expresarlos en

FIGURA 1A

Declaración del propósito, la misión y la visión: La declaración guía que describe lo que Dios lo ha llamado a hacer (misión), cómo lo hará (propósito) y finalmente cómo será (visión).

Valores fundamentales: El filtro de valores a través del cual usted cumplirá su estrategia.

Plan estratégico: El plan inicial por el cual está escribiendo su estrategia.

I. Objetivo principal 1: Un título para el primer elemento clave que usted tiene que realizar para cumplir con su plan estratégico. Por ejemplo: La etapa de la preparación.

    a. Meta 1: Lo primero que tiene que llevar a cabo para alcanzar el objetivo principal 1.

        i. Tarea 1: Lo primero que tiene que llevar a cabo para alcanzar la meta 1.

        ii. Tarea 2: Lo segundo que tiene que llevar a cabo para alcanzar la meta 1.

    b. Meta 2: Lo segundo que tiene que llevar a cabo para alcanzar el objetivo principal 1.

        i. Tarea 1

        ii. Tarea 2

II. Objetivo principal 2: El título del segundo elemento clave que tiene que realizar para cumplir su meta estratégica. Por ejemplo: El prelanzamiento.

    a. Meta 1: Lo primero que tiene que llevar a cabo para alcanzar el objetivo principal 2.

        i. Tarea 1: Lo primero que tiene que llevar a cabo para alcanzar la meta 1.

        ii. Tarea 2: Lo segundo que tiene que llevar a cabo para alcanzar la meta 1.

        iii. Tarea 3: Lo tercero que tiene que llevar a cabo para alcanzar la meta 1.

    b. Meta 2: Lo segundo que tiene que llevar a cabo para alcanzar el objetivo principal 2.

        i. Tarea 1

        ii. Tarea 2

        iii. Tarea 3 (y así sucesivamente)

este punto, utilice las grandes declaraciones de la Escritura como guía. Sus valores fundamentales podrían simplemente ser la Gran Comisión (véase Mateo 28:19-20), el Gran Mandamiento (Mateo 22:37-40) y la Gran Compasión (véase Mateo 25:34-41).

3. Plan estratégico

Su plan estratégico servirá como un faro que guía al resto de su estrategia. Es el propósito inicial por el cual usted está escribiendo su estrategia. Dado que está escribiendo una estrategia de inicio para una nueva iglesia. Su plan estratégico tal vez sea algo del estilo de lo siguiente:

> *Lanzar con éxito una nueva iglesia en Great City, Estados Unidos, el segundo domingo de septiembre del 20__, con un promedio de asistencia semanal de ciento treinta y cinco personas durante el mes de octubre.*

No se paralice con este análisis ni piense que su plan estratégico tiene que ser perfecto. Simplemente bosqueje algunas ideas iniciales para que pueda seguir adelante con el resto de su estrategia. Siempre hay tiempo de corregir. (Nótese que en un sentido, el resto de este libro está diseñado para ayudarle a determinar su plan estratégico exacto).

4. Objetivos principales

Los objetivos principales son los elementos claves que usted necesita llevar a cabo a fin de cumplir con su plan estratégico. El resto de su estrategia se mantendrá en alto o se derrumbará según la claridad de estos puntos.

Por lo general, tendrá cuatro objetivos principales. Cuando escriba sus objetivos principales, asígneles a cada uno de los cuatro un título, seguido de tres oraciones que resuman lo que debe ser realizado en el objetivo. Para la estrategia de una nueva iglesia, los cuatro títulos de los objetivos principales de modo habitual serán:

I. Preparación
II. Prelanzamiento
III. Lanzamiento
IV. Post-lanzamiento

Usted puede utilizar estos títulos o elegir algo que se ajuste más a su situación. Dedíquele un esfuerzo a establecer sus objetivos principales de una manera clara y lógica, y verá que todo lo demás comienza a arreglarse.

Como un ejemplo en extremo simplificado de cómo establecer los objetivos principales, veamos una estrategia matemática. Digamos que su plan estratégico es recaudar $100.000. Su objetivo principal 1 podría ser recaudar $25.000. El objetivo principal 2 sería entonces recaudar una suma adicional también de $25.000, y los objetivos principales 3 y 4 serían similares. Cuando usted lleve a cabo los cuatro objetivos principales, habrá cumplido su plan estratégico.

A la hora de iniciar, a veces es útil visualizar los objetivos principales trazados en un recuadro (véase figura 1B). De esta manera, usted puede seguir viendo cada objetivo por separado, pero tomados en conjunto ellos ilustran la estrategia completa.

FIGURA 1 B

Objetivo principal 1: *Preparación*	Objetivo principal 2: *Prelanzamiento*
Objetivo principal 3: *Lanzamiento*	Objetivo principal 4: *Post-lanzamiento*

Una vez que haya llevado a cabo sus objetivos principales, se dará cuenta de que habrá cumplido con su plan estratégico.

5. Metas

Debajo de cada objetivo principal tendrá que enumerar las metas que deben ser realizadas a fin de cumplir con estos objetivos principales. Estas metas están ligadas directamente a sus objetivos principales y describen con exactitud lo que usted hará para llevar a cabo cada uno de ellos. Como regla general, limítese a no más de cinco metas para cada objetivo principal.

Volviendo a nuestro simple ejemplo matemático, si el objetivo principal 1 es recaudar $25.000, entonces usted tendría cinco metas de recaudar $5.000. Cuando cada una de estas metas sea realizada, habrá cumplido su objetivo principal 1 de recaudar $25.000. Sus metas se resumen en llevar a cabo sus objetivos principales, y sus objetivos principales se resumen en llevar a cabo su plan estratégico. Este es un proceso que debe desarrollarse paso a paso. Una vez que tenga sus metas establecidas, estará listo para desarrollar el subconjunto de esas metas, es decir, las tareas.

6. Tareas

Las tareas son acciones claras que tendrá que ejecutar a fin de llevar a cabo sus metas. Las tareas, en verdad, representan la esencia de la estrategia en su conjunto, porque es por medio de ellas que se realiza el verdadero trabajo.

Es posible que haya escuchado la antigua adivinanza: «¿Cómo puede comerse un elefante? ¡Un mordisco a la vez!». Bien, en su estrategia, las tareas son sus mordiscos. Usted puede tener una cantidad ilimitada de tareas, así que siéntase libre de enumerar absolutamente todo lo que necesita hacer a fin de llevar a cabo su meta. Sin embargo, mantenga en mente que es común dejar las tareas fuera de las versiones externas de su estrategia. En otras palabras, es común dejarlas fuera de las versiones de la estrategia que estará haciendo circular entre los potenciales patrocinadores y otros visionarios (véase capítulo 4).

Cuando usted lleve a cabo sus tareas, estará comenzando a llevar a cabo sus metas. Si su primera meta bajo el objetivo principal 1 es recaudar $5.000, tendrá que llevar a cabo ciertas tareas a fin de reunir tal suma. Por ejemplo, la tarea 1 podría ser recaudar $1.000 por medio de la venta de quinientos objetos a $2 cada uno. La tarea 2 podría ser vender alguna propiedad con una ganancia neta de $2.000. La tarea 3 podría ser vender el automóvil de su hermano por $2.000. Entonces, cuando usted realice con éxito la tarea 1, 2 y 3, habrá llevado a cabo su meta de recaudar $5.000.

Como puede ver, hay un curso lógico dentro de su estrategia. Sume todas sus tareas y habrá llevado a cabo sus metas. Sume sus metas y habrá llevado a cabo su objetivo principal. Sume sus objetivos principales y habrá llevado a cabo su plan estratégico. Esto se ciñe a una regla básica del éxito: Cada gran logro es obtenido por medio de una serie de pequeños logros.

Eric Sevareid, un corresponsal de guerra y autor reconocido, le dijo a la revista *Reader's Digest* que el mejor consejo que alguna vez recibió fue la regla de la «milla siguiente». Lo siguiente es una porción de lo que dijo:

Durante la Segunda Guerra Mundial, varios compañeros y yo tuvimos que lanzarnos en paracaídas desde un decrépito avión transportador hacia la jungla montañosa de la frontera de Birmania-India. Pasaron varias semanas antes de que una expedición

armada de auxilio pudiera alcanzarnos y después
comenzar una ajetreada y dolorosa marcha hacia la
región civilizada de la India. Tuvimos que afrontar
una travesía de doscientos veinte kilómetros a través
de las montañas, bajo el calor y las lluvias del viento
monzón de agosto. En la primera hora de marcha,
un clavo de la bota se enterró en uno de mis pies; y
para cuando llegó la noche tenía ampollas sangran-
tes del tamaño de monedas de cincuenta centavos en
ambos pies. ¿Podría caminar cojeando por doscientos veinte kilómetros? ¿Podrían los demás, algunos
en peor estado que yo, cubrir semejante distancia?
Estábamos convencidos de que no podríamos. Pero
pudimos caminar cojeando por aquella cadena montañosa. *Pudimos* llegar a la siguiente aldea amistosa
para la noche. Y aquello, desde luego, fue todo lo
que tuvimos que hacer...[1]

La regla de la milla siguiente, que ilustra de modo fiel
el proceso del pensamiento paso a paso que yace detrás de
la estrategia, es la manera más productiva de llevar a cabo
algo. En vez de concentrarse en tratar de alcanzar la visión
final de crear una iglesia próspera desde el principio, usted
debe tomar esa visión, dividirla, y dedicar su energía a ejecutar la meta siguiente, luego la tarea siguiente, y después la
próxima... ¡hasta que al final, descubra que su visión se ha
cumplido!

Después de hacer un borrador de su plan estratégico, sus
objetivos principales, metas y tareas, tendrá que reafirmar sus
declaraciones estratégicas haciéndoles una corrección para
expresarlas en un lenguaje inteligente. He aquí como esto se
desglosa:

FIGURA 1C

Singular	Todas las declaraciones de su estrategia tienen que ser escritas con la mayor precisión posible. Evite las generalidades.
Mensurable	Asegúrese de tener alguna especie de medidor para evaluar el cumplimiento de cada objetivo, meta y tarea.
Alcanzable	Divida sus declaraciones en bocados lo suficiente pequeños como para que cada uno pueda alcanzarse de una manera realista. ¡Puede extenderse, pero no extralimitarse!
Relacionada	Procure que cada declaración se relacione con la que le precede. Por ejemplo, todas las tareas correspondientes a la meta 1 deberían tener una relación directa con la meta 1.
Tiempo determinado	Proyecte una fecha de finalización para cada tarea, meta y objetivo principal.

Después de haber expresado cada declaración en un lenguaje inteligente, tendrá que priorizar cada elemento de su estrategia. En nuestro ejemplo del inicio de una iglesia, priorizamos los objetivos principales de acuerdo a un cronograma (preparación, prelanzamiento, lanzamiento y postlanzamiento). Usted podría establecer sus prioridades de una manera diferente, pero sin importar cómo lo haga, el objetivo principal a realizar primero debería figurar al principio de la lista. De igual modo, la meta a realizar primero para llevar a cabo un objetivo principal debería figurar primero en la lista, y así sucesivamente.

Cuando comience el proceso de establecer prioridades, podría resultarle útil preguntarse: *Dado que mi tiempo y di-*

nero son limitados, ¿cuál es el primer objetivo principal que me daría la mayor retribución? ¿Cuál sería el más importante a realizar? ¿Cuál el segundo, el tercero y así sucesivamente? «El principio del 80/20» establece que el 80% de su éxito dependerá del 20% de su esfuerzo. Por lo tanto, ¿cuál es la meta principal que, cuando se lleve a cabo, cumplirá en su mayor medida su objetivo principal?

De la misma manera, asegúrese de priorizar sus tareas. Esto es algo lógico, pero es un paso muy importante que los que comienzan una iglesia a menudo no consiguen dar. Cuando comience a implementar su estrategia, podrá faltarle tiempo o dinero para hacer todo lo que ha planificado. Y al hacer el difícil trabajo de planificar primero, sabrá qué es lo más importante a realizar primero y qué dejar para después si se quedara sin tiempo o dinero.

Queremos animarle a dar estos pasos correctivos con mucha seriedad. Escribir con claridad su estrategia es la clave para poderla comunicarla de la manera correcta e invitar eficazmente a otros a embarcarse en la misma.

7. Presupuesto

Los elementos finales de una estrategia exitosa son el presupuesto y el calendario. Mucha gente comete el error de fijar un presupuesto y un calendario antes de pensar con detenimiento en su estrategia en conjunto. Sin embargo, la simple realidad es que si usted ha hecho todo lo que hemos descrito hasta aquí, su presupuesto y su calendario serán muy fáciles de confeccionar.

Trataremos el asunto de su presupuesto en detalle en el capítulo siguiente, pero su estrategia es el lugar perfecto para comenzar a trazar el desarrollo del mismo. Así es como puede comenzar: Junto a cada tarea de su estrategia, indique cuánto le costará llevar a cabo esa tarea. Una vez que le haya adjudicado un costo a cada tarea de una cierta meta, sume esas cantidades y sabrá cuánto dinero necesita a fin de cumplir con dicha meta. Ahora usted tiene un elemento del presupuesto. Si suma los costos de todas sus metas, obtendrá el costo de cada uno de sus objetivos principales. Los objetivos principales se convertirán en las principales categorías de su presupuesto.

Con seguridad tendrá que trabajar e investigar un poco más para estar seguro de que estos importes respondan a lo planeado, pero esta es la mejor manera de comenzar el borrador inicial de su presupuesto. Si se compromete a desarrollar una estrategia detallada, a la postre la confección del presupuesto será más fácil y más precisa.

8. Calendario

Dado que su estrategia está escrita en un lenguaje inteligente, cada declaración debería contar con la asignación de una fecha. Estas fechas se convertirán en las anotaciones del calendario en su plan de inicio. Cuando le haya asignado a cada tarea, meta y objetivo un mes y un año de finalización (o en algunos casos, incluso un día), incluya todas estas fechas en una planilla de análisis (o simplemente cópielas a mano).

Luego, organice las fechas de acuerdo al año calendario. Al preparar su calendario inicial, podría ser que las fechas no estén distribuidas de forma equitativa. Por ejemplo, si todas sus tareas cayeran en el mes de septiembre, va a tener un mes muy ocupado. Así que podría considerar la posibilidad de cambiar algunas de sus tareas para agosto u octubre, o delegar prudentemente en su equipo de lanzamiento durante ese déficit de tiempo (véase capítulo 7).

Cuando tenga su calendario establecido, el mismo se convertirá en las páginas finales de su estrategia. Usted puede entonces modificar las selecciones de este documento vital para usarlo como una lista de cosas diarias para hacer.

PRESTEZA ESPIRITUAL

Después de años de realizar cruzadas, la Asociación Billy Graham puede predecir con sorprendente exactitud cuánta gente pasará al frente para recibir oración en una noche determinada. ¿Cómo? ¡Porque la cantidad siempre tiene relación con cuántos voluntarios han preparado para recibir a aquellos que responden! Dios no le va a enviar más gente de la que Billy Graham esté preparado para recibir. De la misma manera, Dios no le va a enviar más gente de la que usted pueda acoger.

Por lo tanto, ¿qué puede hacer? Lo mismo que hace Billy Graham. Prepárese de una manera que le permita a Dios abrir las compuertas hacia su iglesia. Si está en verdad preparado, él enviará a las personas. Si usted realiza el trabajo que hemos descrito en este capítulo, podrá edificar su propia nueva iglesia sobre una fuerte base de preparación inspirada por Dios. Usted sabrá dónde está, adónde va y cómo va a llegar allí. Estará parado bajo la lluvia con un balde gigante, listo para recoger el diluvio. Sin embargo, si no piensa con detenimiento su estrategia, la escribe y luego la implementa, será como el hombre que está bajo el aguacero con un vaso desechable. Estará por completo desprevenido para recoger lo que Dios está derramando. ¡La elección es suya!

Pon en manos del SEÑOR todas tus obras, y tus proyectos se cumplirán.

PROVERBIOS 16:3

Nota

1. Eric Sevareid, «Bits and Pieces» [Pedacitos y trozos], *Reader's Digest*, febrero 1990, pp. 11-12.

Capítulo 4

La recaudación de fondos

Zig Ziglar ha dicho: «El dinero no lo es todo, pero es como el oxígeno». ¡Como fundadores de iglesias podemos dejarnos llevar por las emociones! Usted podría encontrarse en un dilema, dispuesto a dejar un empleo seguro para lanzarse a esta aventura empresarial. O tal vez ya se haya comprometido a tiempo completo y ahora se acaba de dar cuenta de cuánto dinero hace falta para comenzar una iglesia. Sin importar la situación en que se encuentre, los pormenores de dólares y centavos pueden ser un motivo de turbación. Sin embargo, considerar el asunto del dinero al comienzo de su nueva iglesia es tan necesario como lo es considerar la estrategia o la evangelización. Una cosa es segura: No importa cuán fuerte sea su llamado o cuán buenas sean sus intenciones, una nueva iglesia no puede prosperar sin fondos.

Todos hemos escuchado el dicho: «Noventa por ciento del éxito radica en mostrarse en público». En el ámbito de la recaudación de fondos para su iglesia, usted tiene que mostrarse en público en *gran* manera. Uno de los errores comunes que los fundadores de iglesias cometen es planificar cada uno de los otros aspectos de su iglesia mientras empujan el asunto del dinero al hornillo del fondo. Demasiados aun disfrazan su renuencia a tratar los asuntos financieros cargándole toda la presión a Dios: «Él quiso que yo comenzara esta iglesia. Él proveerá». Bien, esta es una declaración completamente verdadera, pero Dios quiere que usted haga su parte. No obstante, puede estar seguro de que si Dios está tras la idea de plantar su iglesia y usted sigue adelante según la voluntad de Dios, el dinero estará a su disposición. El sostenimiento económico viene por fe.

> ¿Qué diremos frente a esto? Si Dios está de nuestra parte, ¿quién puede estar en contra nuestra? El que no escatimó ni a su propio Hijo, sino que lo entregó por todos nosotros, ¿cómo no habrá de darnos generosamente, junto con él, todas las cosas? (Romanos 8:31-32).

Por lo tanto, el primer paso hacia la recaudación de fondos para su nueva congregación es tener la plena seguridad de haber sido llamado a comenzar una iglesia. Si Dios ha decretado el inicio de una empresa arriesgada, él ya habrá planificado con detenimiento cada dólar que usted necesita. Todo lo que tiene que hacer es sacarle provecho a los recursos ilimitados de Dios, extrayendo el dinero de donde él lo tiene y depositándolo donde tiene que estar. Así que, ¿cómo comenzar este proceso? Con un presupuesto.

Cuando yo (Nelson) elaboré el primer presupuesto para *The Journey* en el año 2001, me di cuenta de que necesitaríamos recaudar más de $100.000 solo para *lanzar* la iglesia. En Manhattan, todo cuesta el doble que en otros lugares, por lo que lidiar con las realidades del presupuesto no fue tarea fácil. Sin embargo, por medio de este proceso aprendí las lecciones técnicas que luego tuve el privilegio de enseñar a los fundadores de iglesias de todo el país. En mi experiencia con *The Journey* (y trabajando con cientos de iglesias para ayudarles a elaborar su presupuesto) he aprendido que presupuestar siempre es un viaje de fe. Durante los últimos años, hemos tenido que recaudar más de $200.000 para que la iglesia pudiera estar dónde se encuentra hoy. Y Dios suplió nuestras necesidades a cada paso del camino.

Repito, si Dios lo ha llamado —si usted está en el lugar donde Dios quiere que plante su iglesia para producir un impacto para su reino— él suplirá cada una de sus necesidades. Dios está involucrado en el presupuesto tanto como en los otros detalles que son esenciales para la expansión de su reino. Por lo tanto, a zambullirse y encontrarse con Dios allí. ¡Es hora de trabajar!

Cómo elaborar un presupuesto

Elaborar un presupuesto es el primer asunto técnico para conseguir el financiamiento de su nueva iglesia. Su presupuesto será el documento fundamental que le diga a usted y a sus patrocinadores (aquellos que lo están ayudando a comenzar la iglesia) cuánto va a costar lanzar su iglesia. Mientras comienza a preparar su documento, lo más importante que puede hacer para asegurar el éxito es sentirse cómodo con las tres I del presupuesto: ¡investigar, investigar e investigar!

Investigue

Un presupuesto debe ser edificado sobre la base de una investigación minuciosa. Usted debe llevar a cabo investigaciones acerca de su comunidad para averiguar cuánto le costará hacer funcionar su iglesia. Es necesario que responda con firmeza preguntas como las siguientes:

- ¿Cuál será el costo de vida en esta comunidad?
- ¿Cuál será mi salario? ¿Y qué de los salarios adicionales para el equipo ministerial?
- ¿Cuánto costará alquilar un lugar para las reuniones de la iglesia?

- ¿Cuánto costará hacer funcionar los servicios en esta ciudad (alquiler de una oficina, teléfono, computadoras, fotocopiadoras, etc).?

Una manera comprobada de obtener la información que usted necesita es hablando con otros pastores de la comunidad. Averigüe cuánto fueron sus costos de inicio y cuánto desembolsan en la actualidad para mantener y hacer funcionar la iglesia. Otros pastores pueden ser un recurso valioso para usted en muchos niveles.

Además, verifique con la Cámara de Comercio local. Por lo general, disponen de un material presupuestal previamente preparado para aquellos que están comenzando una nueva empresa en el área. Aunque usted no esté comenzando una empresa de por sí (plantar una iglesia no es una empresa comercial, es un llamado de fe), puede y debería utilizar algunos principios de las empresas exitosas cuando comience su iglesia.

El peor error que puede cometer es comenzar el proceso del presupuesto percibiendo la realidad de la economía a través de lentes color de rosa. Si usted realiza muchas conjeturas o hace las cosas a medias en este ámbito, terminará pagando un alto precio más adelante. Recuerde, Dios nunca pretendió que usted lo hiciera por cuenta propia. Hay personas y recursos a su alrededor que lo pueden ayudar a prepararse. Pida ayuda. La sabiduría de los Proverbios es verdad:

Afirma tus planes con buenos consejos; entabla el combate con buena estrategia (20:18).

Al necio le parece bien lo que emprende, pero el sabio atiende al consejo (12:15).

Evite la tentación

Cuando comience a elaborar su presupuesto, enfrentará dos tentaciones contrapuestas. Primero, existe la tentación a pensar demasiado pequeño y tratar de sobrevivir con apenas lo mínimo. Este concepto de gastar lo menos posible, a fin de cuentas, deriva en una escasez de recursos. Si usted elabora un presupuesto demasiado pequeño, se las va a tener que arreglar sin nada, tanto en su iglesia como en sus finanzas personales. El Señor no recibe la gloria cuando a usted le faltan recursos para hacer la obra de Dios. Así que no piense demasiado pequeño.

Segundo, existe la tentación a pensar demasiado en grande. Usted no necesita equipamientos de categoría y la oficina más bella de la ciudad para empezar. Seguro, todos queremos lo mejor para representar al reino de Dios, pero todo tiene que hacerse a su tiempo. Si usted se va más allá de sus medios desde el principio, terminará siendo irrealista acerca de cuánto dinero puede recaudar y cuánto durará este proceso. Así que sea realistamente conservador.

Lo más sabio que puede hacer es buscar el consejo de Dios para encontrar el balance en este aspecto. Pregúntele: «Dios, ¿cuál es el plan de presupuesto correcto para nosotros? ¿Cuál es el mínimo que necesito para prosperar en verdad para ti? ¿Cómo puedo invertir los recursos de la iglesia con sabiduría para maximizar los recursos que nos has confiado?

Sin lugar a dudas, presupuestar es una empresa práctica complicada. Así que para ayudarlo a comenzar con el proceso de elaborar el presupuesto para su iglesia, hemos compilado varias herramientas y recursos a los que puede acceder en www.churchfromscratch.com.

DE DÓNDE VENDRÁN LOS FONDOS

Así, ya tiene su presupuesto inicial establecido. Habrá pasado por la difícil tarea de calcular los costos de todo, desde el local hasta los sujetadores de papeles, y habrá llegado a la suma que representa el resultado neto. No se asuste. Alabe a Dios de antemano por su fidelidad, y luego siga avanzando. Ahora que sabe cuántos fondos va a necesitar, es hora de determinar de dónde vendrán esos fondos. Estas son algunas fuentes de recursos comprobadas que pueden suplir los fondos.

Ahorros personales

Su cuenta de ahorro personal es un recurso que posiblemente le pueda ayudar a suplir los fondos para su nueva iglesia. ¿Le sorprende esto? La fundación de una iglesia es una aventura de todo o nada. Usted no puede comprometerse solo en parte. Tiene que comprometerse por completo y, a menudo, eso significa con su billetera. Casi cada plantador de iglesia ha tenido en algún punto que extraer de sus propios ahorros de alguna u otra forma. Esto es una realidad.

Sin embargo, sea sensible al llamado de Dios en este aspecto. Si usted necesita usar sus ahorros personales, asegúrese de hacerlo de una manera sensible, guiado por el Espíritu. Algunos fundadores de iglesias agotan por completo sus ahorros. Aunque se ha sabido que esto da resultados para levantar una iglesia, no es algo que nosotros recomendaríamos. Y, definitivamente, no es algo que usted debería hacer de manera impulsiva o imprudente.

Ministerio de doble vocación

Otra buena manera de obtener fondos para su ministerio es teniendo un trabajo secular mientras está estableciendo su iglesia. En otras palabras, siendo un ministro con una doble vocación. Si usted se decide por esta opción, tiene que tener cuidado de elegir un trabajo secular conveniente para su nueva iglesia. En el mejor de los casos, sería bueno que encontrara un empleo que le pague bien y sea lo suficiente flexible para que le permita dedicarle a su iglesia el tiempo que ella se merece.

Durante el primer año y medio de nuestra nueva iglesia en Nueva York, tanto Kerrick como yo fuimos ministros con una doble vocación. Teníamos empleos seculares para recibir una entrada económica, pero le dedicábamos tanto tiempo como nos fuera posible a la nueva iglesia. Dado que mi empleo era firme y seguro, mi esposa y yo decidimos que deberíamos mantenerlo por el tiempo que fuera necesario. Así que al inicio Kelley le dedicó más tiempo que yo a la iglesia. Mi trabajo extra me proporcionaba alguna estabilidad, me garantizaba una entrada económica y beneficios tales como seguro médico. Dios utilizó aquella seguridad para llevar a *The Journey* al siguiente nivel.

Recuerde, la clave para llevar a cabo una doble vocación es que el trabajo secular sea lo suficiente flexible como para tener un tiempo substancial para edificar la iglesia. Si usted elige tomar este rumbo, establezca con firmeza una fecha límite (tan pronto como sea posible) en la cual proyecta dedicarse tiempo completo a su iglesia.

Su esposa

En la economía de hoy, su esposa podría ser al principio un gran recurso que supla los fondos. Puede ser de gran bendición que usted se encuentre en una posición en la que el salario de su esposa sea suficiente para cubrir las necesidades de su familia, permitiéndole enfocarse por completo en el comienzo de su iglesia. Conocemos a varios fundadores de iglesias que comenzaron de esta manera, la cual fue, a decir de la mayoría, absolutamente exitosa.

Su equipo de lanzamiento

Su equipo de lanzamiento inicial es un recurso fuerte y lógico para ayudar a suplir los fondos para su nueva iglesia. Hablaremos del equipo de lanzamiento en detalle un poco más adelante. Solo sepa que mientras comienza a alcanzar a la gente —y esa gente comienza a ser parte de su equipo de lanzamiento— sus diezmos y ofrendas se convierten en un buen recurso que suple los fondos. Nunca sienta que se está aprovechando de los miembros de su equipo. Si le impide a su equipo diezmar, los estará lastimando a cada uno de ellos y también se lastimará a sí mismo. Y sí, es perfectamente aceptable comenzar a recibir una ofrenda en sus servicios de prelanzamiento, como hablaremos más adelante.

Patrocinadores financieros

Esta es la mayor fuente de recursos. Hay quizás otra docena de maneras de financiar su iglesia, pero encontrar patrocinadores financieros (aun en adición a todo lo que acabamos de plantear) es la manera más importante. Analicemos este concepto con más detalle.

LAS PREGUNTAS INDICADAS PARA ENCONTRAR POTENCIALES PATROCINADORES

Los patrocinadores financieros por lo general se presentan de dos maneras: como patrocinadores individuales e iglesias patrocinadoras. A la hora de buscar individuos o iglesias que patrocinen su iglesia, hay varias preguntas importantes que debe considerar.

Pregunta 1: ¿A quién conoce usted?

Ante todo, pregúntese: *¿A quién conozco?* ¿Hay pastores con los que tiene alguna relación? ¿Quién figura en su agenda? ¿Cuáles son los nombres de algunos individuos que podría contactar? ¿Quién ha sido de apoyo para usted en el pasado? ¿Con qué iglesias está vinculado?

No piense en esto solo de modo abstracto. Confeccione una lista. Escriba los nombres de cada una de las personas que piensa que estarían aunque sea un poco interesadas en apoyar su nueva iglesia. Tal vez lo más importante sea no prejuzgar a nadie. Dios está haciendo la obra aquí. No lo limite decidiendo de antemano que alguien de los que usted ha considerado agregar a su lista no estaría interesado en ayudar. Él está planeando usar a personas que nunca hubiera imaginado.

Pregunta 2: ¿A quiénes conocen las personas que usted conoce?

La segunda pregunta que debe hacerse es: *¿A quiénes conocen las personas que yo conozco?* Esta es, por supuesto, una extensión lógica de la primera pregunta, pero a menudo se pasa por alto. Por cada persona que usted conoce, hay tres o cuatro que él o ella conocen que podrían estar interesadas en apoyar financieramente a su iglesia. Si usted ya conoce a algunos pastores, está en una posición de ventaja, ya que cada pastor tiene una fuerte red de contactos. Cuando elabore su propia lista de personas conocidas, deje un espacio para las personas que ellos conocen.

Todos hemos escuchado la teoría de la cadena de seis eslabones, ¿verdad? Hace un tiempo se realizó un estudio que sostiene que cada persona del mundo forma parte de una cadena de contactos personales de seis eslabones. Algunos han argumentado que el mundo se ha vuelto aun más pequeño y que ahora un individuo formaría parte de una cadena de solo tres contactos personales. Dado que usted solo no podría alcanzar a todo el mundo, cada persona y pastor que conoce tendrá una red de contactos personales con la que lo pueda conectar. Una vez que convenza a los individuos o pastores para que se embarquen en la tarea con usted, es fácil que ellos convenzan a sus amigos o colegas a unirse también.

Pregunta 3: ¿Quién tiene un sentimiento especial por su región?

En tercer lugar, pregúntese: *¿Quién tiene un sentimiento especial por la ciudad o el área donde estoy estableciendo mi iglesia?* Si Dios lo ha animado a fundar una iglesia en una región en particular, es muy probable que ya haya colocado esa región en el corazón de otra persona también.

Cuando Kerrick y yo comenzamos a buscar patrocinadores para financiar nuestra obra en la ciudad de Nueva York, esta tercera pregunta se convirtió en el asunto clave. Yo sabía que Dios me había dado un sentir por la ciudad; pero cuando vi el resultado neto de nuestro primer presupuesto, no tenía idea de cómo podríamos solventar el comienzo de nuestra iglesia. Entonces, mientras comencé a hablar con algunos otros pastores e individuos del área, ellos comenzaron a hablarme de personas del país que también tenían un sentimiento especial por Nueva York. Cuando contacté a esas personas, me di cuenta de que no tenía que exponer apenas algún argumento. No tenía que buscar la manera de filtrarme en sus agendas. Cuando mencionaba que estaba yendo a la ciudad de Nueva York, ellos de inmediato abrían su puerta para recibirme. ¿Por qué? Porque ya su corazón estaba puesto en el lugar a donde Dios me había llamado.

A decir verdad, la primera iglesia que nos patrocinó fue una iglesia que ni siquiera conocíamos. No tenía conexión con ellos, pero Dios ya le había dado al pastor el deseo de involucrarse en la ciudad de Nueva York. Una vez que escuché acerca de este pastor, todo lo que tuve que hacer fue hablarle de nuestro plan y esperar que Dios confirmara en su corazón que *The Journey* era la iglesia indicada para que ellos patrocinaran en Nueva York.

Recuerde, Dios ya tiene a las personas establecidas. Si usted las está buscando, él va a asegurarse de que las encuentre. Nosotros necesitábamos un montón de personas que apoyaran lo que estábamos haciendo en Nueva York porque es una ciudad grande y costosa; pero si usted está fundando una iglesia en un área más pequeña, podría necesitar muchos menos patrocinadores. Recuerde, el tamaño de su ciudad y la cantidad de personas incrédulas a alcanzar determinarán la cantidad de personas que usted encontrará con un sentimiento especial por su región.

Pregunta 4: ¿Le mostrará Dios qué tiene que hacer?

La cuarta pregunta no está dirigida a usted mismo, sino a su jefe. Pregúntele a Dios: *«¿Me mostrarás qué tengo que hacer?»*. Los recursos de Dios son ilimitados; él conoce a más personas de las que usted pudiera imaginar encontrarse alguna vez. En muchas ocasiones, Dios lo guiará justo hacia una persona de negocios, pastor o individuo que nunca ha conocido solo para darle la oportunidad de entablar una relación que promueva el avance del reino de Dios. Dios tiene personas que están más que dispuestas a apoyar su nueva iglesia. Solo tiene que pedirle que lo guíe, y luego ir a donde él le indique.

Pregunta 5: ¿Qué sucede si la persona a la que usted le pide dice que no?

La última es una pregunta que inevitablemente ya se ha preguntado, y que tal vez se preguntará cientos de veces al atravesar por este proceso: *«¿Qué pasará si dicen que no? ¿Qué hago entonces?»*. Habrá mucha gente que no esté dispuesta a patrocinarlo, pero nunca permita que eso lo desanime. Cuando usted entiende por completo que Dios está en control de este proceso, se da cuenta de que su tarea es simplemente encontrar a las personas que él pretende que estén a su lado. Si alguien le dice que no, esa persona no lo está rechazando a usted o a su iglesia, sino que no es parte de ese plan. Dios le mostrará quiénes son sus patrocinadores. Usted solo tiene que mostrar un poco de fe sembrando la semilla antes de segar la cosecha.

Los tres niveles de las iglesias patrocinadoras

Cuando usted se encuentra ante una respuesta negativa, debe recordar también que hay diferentes maneras en que una potencial iglesia patrocinadora puede ayudarlo. Si alguien le dice: «En este momento en verdad no podemos patrocinarlo», no tome esto como una puerta cerrada por completo. Solo porque ellos no pueden patrocinarlo financieramente no significa que no puedan patrocinarlo en lo absoluto. Regrese siempre a la pregunta 2 y pregúnteles si conocen a alguien que podría estar interesado en ayudarlo. Ellos podrían presentarle a un patrocinador más fuerte. También encontrará que las iglesias (en el supuesto caso de que no lo rechacen por completo… ¡y a nosotros nos han rechazado por completo varias veces!) con frecuencia acuerdan patrocinarlo en uno de estos tres niveles: oración, equipos misioneros o sostenimiento financiero.

Nivel 1: Oración

Algunas iglesias solo querrán formar una sociedad de oración con usted. No desestime la importancia de contar con una base de compañeros de oración. Usted necesita las oraciones con la misma urgencia que necesita el dinero. Esto también podría finalmente derivar en un patrocinio más importante. Los asociados con frecuencia están más dispuestos a involucrarse después de estar relacionados con usted y ver cómo prosperan las cosas en su ministerio. Mientras tanto, puede ofrecerles cada mes una carta actualizada en cuanto a la oración o una llamada telefónica ocasional.

Nivel 2: Oración + personas

Otros querrán orar por usted y enviar equipos misioneros para ayudarle en el comienzo. Para ser absolutamente sincero, los equipos misioneros a veces pueden ser una espada de doble filo. Aunque pueden ser de gran ayuda, también corre el riesgo de que le absorban demasiado tiempo, forzándolo a cambiar su enfoque a aspectos que aún no está listo para tratar. Sea conciente de la desventaja de contar con demasiados equipos misioneros de ayuda para que pueda trabajar con ellos a fin de maximizar la bendición.

Nivel 3: Oración + personas + papel

De manera ideal, lo que usted busca son asociados del nivel 3... aquellos que oren por usted, le envíen sus equipos y le envíen cheques. Siempre es mejor tener unos pocos asociados del nivel 3 que muchos del nivel 1 y 2. Si tiene demasiados asociados, puede llegar a perder mucho tiempo simplemente tratando de comunicarse con ellos. Cumplir con las expectativas de todos los patrocinadores será una carga constante. Usted tendrá más éxito (¡y cordura!) con menos socios de niveles superiores.

IGLESIAS PATROCINADORAS COMPARADAS A INDIVIDUOS PATROCINADORES

Es probable que sus primeros patrocinadores durante este camino largo y difícil sean las iglesias, no los individuos. Asociarse a las iglesias conlleva muchas más ventajas que asociarse a los individuos. En primer lugar, las iglesias son más estables financieramente a largo plazo. Si usted recluta una iglesia grande para que lo patrocine, la misma podría estar en condiciones de invertir de $10.000 a $15.000 durante algunos años sin ningún problema. Sin embargo, los individuos, aun aquellos que son prósperos en el aspecto económico y patrocinadores fuertes al principio, tendrán altibajos personales en sus finanzas que podrían impedirles patrocinarlo año tras año. Además, ellos no estarían en condiciones de hacer un compromiso de muchos años porque su dinero está supeditado a varias inversiones. Las iglesias están en mejores condiciones de hacer inversiones que se extiendan por varios años.

Asimismo, las iglesias ofrecen más que solo dinero. Ellas pueden proporcionar entrenamiento, orientación, equipos de asistencia, consejos prácticos, materiales de entrenamiento y una multitud de otros recursos para usted. A menudo no solo están en condiciones de suplir grandes cantidades de dinero, sino de congregar a una gran cantidad de personas que pueden orar por usted.

En cuanto a la orientación, hemos encontrado que es indispensable establecer una relación con el pastor principal de cualquier iglesia que lo esté patrocinando, sin importar el nivel de su patrocinio. Hasta podría hacer un arreglo con el pastor que le permita aprender de él... en particular si fundó la iglesia que ahora lo está patrocinando. Aunque su primer punto de contacto podría ser con un pastor misionero, un equipo misionero o un comité de oración, no pase por alto la importancia de un compromiso con el pastor principal.

Una palabra de advertencia sobre el reclutamiento de los patrocinadores: No ponga todos sus huevos en una sola canasta. Evite tener solo una iglesia patrocinadora o un individuo patrocinador que esté de acuerdo en cubrir sus gastos. Si usted tiene solo una iglesia patrocinadora y esa iglesia experimenta un contratiempo, se encontrará en problemas. Hasta la iglesia más estable experimenta contratiempos. Tener un solo patrocinador financiero es una receta para el desastre. En nuestra experiencia con al menos media docena de iglesias que han tenido un solo patrocinador financiero, le podemos decir que a todas les fue mal. La mejor forma de asegurar que su nueva iglesia no dependa de una sola fuente es diversificándose y reclutando a varios patrocinadores. La diversificación es un buen consejo financiero personal… y es un buen consejo para la fundación de una iglesia.

Esperamos que tenga éxito en encontrar individuos que lo patrocinen, pero además queremos animarlo a que de manera intencional trate de asociarse con las iglesias para asegurarse el patrocinio de las mismas. Las iglesias entienden, desde la perspectiva de la experiencia, dónde está usted y a dónde está tratando de ir. En conjunto, ellas vienen a ser los patrocinadores mejores equipados para que colaboren con usted —financieramente y de cualquier otra manera— a lo largo del viaje.

> Uno solo puede ser vencido, pero dos pueden resistir. ¡La cuerda de tres hilos no se rompe fácilmente! (Eclesiastés 4:12).

Qué quieren sus patrocinadores

Ahora que está trabajando sobre una lista de potenciales patrocinadores, necesita saber qué querrán de usted esos patrocinadores. Los siguientes son los diez aspectos más importantes para los potenciales patrocinadores.

1. Una estrategia razonable

Los potenciales patrocinadores quieren ver que usted tiene una estrategia razonable (consulte de nuevo el capítulo 3 en referencia a los detalles para elaborar su estrategia). Por lo general, los patrocinadores se enfocan en dos aspectos de una estrategia: el éxito previo y la fecha de lanzamiento.

1. Éxito previo. Los potenciales patrocinadores le preguntarán de inmediato: «¿Ha prosperado en otra empresa arriesgada, lo cual pudiera demostrar su capacidad de triunfar aquí? ¿Posee las cualidades de un fundador de iglesias?». Todo patrocinador financiero busca invertir en algo que tenga éxito.
2. Una fecha de lanzamiento. Los potenciales patrocinadores además quieren saber si en realidad tiene un plan para comenzar su iglesia. Su fecha de lanzamiento dice mucho sobre su habilidad para escoger la oportunidad y cómo estará empleando el dinero de sus patrocinadores. (Véanse los capítulos 6 y 7 para una mayor información sobre el lanzamiento).

2. Un presupuesto razonable

Los patrocinadores querrán ver un presupuesto razonable (por ejemplo, un presupuesto que sea conservador). Ellos en verdad buscan asegurarse de que haya hecho sus investigaciones y esté dispuesto a incrementar sus recursos y pensar de manera innovadora a fin de hacer esta iglesia realidad. Nosotros hemos trabajado con algunos patrocinadores a los que en realidad no les importaba en lo absoluto el presupuesto. Al mismo tiempo, hemos trabajado con otros que han sido demasiado exigentes con respecto al mismo. Si usted hace su tarea y está preparado para justificar cada aspecto del presupuesto, estará en condiciones de reclutar a los patrocinadores.

3. Un plan para ser autosuficientes

Los potenciales patrocinadores querrán saber que su relación no será «hasta que la muerte nos separe». Ellos necesitan conocer que usted no está planificando depender del dinero de su patrocinio para siempre y que su pujante iglesia al final será capaz de caminar por sí sola. Cuando usted tiene un plan sólido para llegar a la autosuficiencia, los potenciales patrocinadores están más dispuestos a ayudarlo desde el principio.

En *The Journey*, nuestra meta fue volvernos autosuficientes antes de los tres años y medio de nuestra fecha de lanzamiento. Por «autosuficientes» queremos dar a entender estar en condiciones de recaudar las necesidades del presupuesto solo con los diezmos y las ofrendas de los asistentes a nuestra iglesia. La mayoría de las iglesias actúan sobre la base de un plan de autosuficiencia de tres años. Si su iglesia se encuentra en un área en la cual la necesidad es bastante grande, la ciudad es demasiado extensa o existen algunas circunstancias excepcionales, podría extender este plazo a cinco años.

De tres a cinco años es lo que la mayoría de las iglesias patrocinadoras estará dispuesta a apoyarlo financieramente. Los individuos a menudo tienen una mayor expectativa en cuanto a su autosuficiencia. Ellos quieren ver el éxito en meses o antes del primer año. Usted va a tener que trabajar de manera consecuente para explicarles su plan para llegar a ser autosuficientes.

4. Un líder calificado

Los potenciales patrocinadores están en extremo interesados en ver que su arriesgada empresa posee un líder calificado. Quieren evidencia de éxitos anteriores, pero también quieren ver que usted esté dispuesto a aprender de la sabiduría y el entendimiento de ellos. Es esencial que lo vean como un líder calificado y piadoso que está creciendo y madurando.

Los patrocinadores deben tener confianza en los líderes de la nueva iglesia antes de estar dispuestos a invertir.

Un verdadero líder anhela aprender de otros líderes. Innumerables pastores me han dicho que se resistieron a involucrarse con el fundador de una iglesia, no debido a una pobre estrategia o a un pobre presupuesto, sino porque simplemente no tenían confianza en el líder. El fundador de la iglesia era demasiado inexperto, inflexible o impersonal.

5. Una petición de patrocinio concisa

Cuando se busca un patrocinador no es momento de practicar el arte de la sutileza. Los potenciales patrocinadores quieren que usted realice una petición de patrocinio concisa. A esto se le conoce como la «gran petición». Dios está colocándolo frente a las personas. Todo lo que usted tiene que hacer es pedir que lo patrocinen.

Hemos escuchado a muchos fundadores de iglesias que se lamentan porque un potencial patrocinador no quiso financiar su nueva iglesia, solo para descubrir que en realidad su petición de patrocinio no había sido concisa. En nuestra situación, al comienzo del proceso, nos encontrábamos a menudo con potenciales patrocinadores y nos emocionábamos tanto por su entusiasmo en cuanto a la fundación de nuestra iglesia, que omitíamos ir al asunto y pedirles directamente una inversión financiera en nuestra empresa. Si usted no va y le pide a la gente que lo patrocine, esa gente no va a invertir. Nunca deje de realizar una petición de patrocinio concisa.

6. Una historia convincente

Nosotros vivimos a través de historias, no de circunstancias. A la gente naturalmente le encantan las historias. Por lo tanto, cuando está hablando con un potencial patrocinador, tiene que contarle por qué quiere comenzar su nueva iglesia.

Cuéntele acerca de su llamado a ser un fundador de iglesias y por qué su región merece ser patrocinada. En general, mientras más convincente sea su historia, más patrocinio recibirá.

7. Otros patrocinadores

Los patrocinadores buscarán la seguridad de otros patrocinadores. Este es el típico caso del círculo vicioso. Ellos no quieren participar hasta que ven que alguien más está participando. Es algo parecido al cuento del muchacho que está tratando de conseguir trabajo y el empleador le dice: «Usted necesita tener experiencia», ante lo que el joven argumenta: «¿Cómo voy a tener experiencia sin trabajar?» Los potenciales patrocinadores pueden pensar que su estrategia parece buena, pero por lo general no están dispuestos a patrocinarlo sin el respaldo de otros patrocinadores. Por lo tanto, ¿cómo consigue patrocinadores para empezar?

Lo que puede hacer es comenzar con los patrocinadores que usted sabe que serán fáciles de reclutar. Busque a aquellos amigos, familiares e iglesias con los que tiene una relación cercana e involúcrelos. Puede ser que ellos no sean sus mayores patrocinadores financieros, pero les demostrarán a los potenciales patrocinadores que hay otras personas participando. Nada atrae más a los nuevos patrocinadores que otros patrocinadores. Además, si ya ha conseguido un patrocinador, le podría preguntar a este si pudiera ayudarle a reclutar a otros patrocinadores para no tener que encargarse del asunto solo.

8. Una comunicación periódica

Los potenciales patrocinadores necesitan saber que tendrá una franca comunicación con ellos. Necesitan que usted reconozca la importancia de la comunicación. Tranquilícelos diciéndoles que les contará de sus éxitos y fracasos, y que los mantendrá al tanto de cómo está siendo utilizado su aporte financiero. En su conversación inicial con los patrocinadores, muéstreles cómo planea comunicarse. No tiene que ser por medio de una carta informativa elaborada que consuma mucho tiempo. Puede tratarse simplemente de un correo electrónico en el cual les informe las estadísticas de lo que Dios está haciendo en su iglesia. (Véase el capítulo 9 para más información sobre qué comunicar, y visite www.churchfromscratch.com para algunos ejemplos de información).

9. Una clara oportunidad para prosperar

Los potenciales patrocinadores querrán ver que existe una evidente oportunidad de que su arriesgada empresa prospere. Ya hemos hablado sobre cómo ellos buscarán el éxito previo al considerar su estrategia. Ahora querrán ver que usted tiene un claro plan de lanzamiento, crecimiento y éxito establecido.

Hay muchas maneras de hacer esto. Puede hablar de su llamado y sus aptitudes para ser un fundador de iglesias. Puede mostrarles cómo hará su región para apoyar esta nueva iglesia o cómo llevará a cabo su plan de autosuficiencia. Antes de solicitar el sostenimiento financiero, deje que sus patrocinadores sientan que su nueva iglesia es una entidad que brindará un beneficio mutuo... un beneficio para ellos y un beneficio para la región donde estará comenzando.

10. Resultados

Los resultados dicen mucho. Nada distrae a los patrocinadores como la holgazanería o la inactividad. Muéstreles los resultados de lo que ya ha logrado y el trabajo que ha hecho para los preparativos de su nueva iglesia. Ellos querrán ver que usted va a desarrollar su plan y producir resultados. La fundación de una iglesia es tal vez el trabajo más difícil, frustrante y divertido que alguna vez realice. Va a conllevar trabajo, así que muéstrele a sus patrocinadores que no tiene miedo de agarrar el martillo.

Sí, usted depende de Dios, y sí, usted tiene el llamado; pero si está dispuesto a dar el 110% de sí mismo para producir resultados, su pasión será contagiosa.

LLEVE A CABO UNA REUNIÓN CON LOS PATROCINADORES

Tan pronto como consiga la participación de un patrocinador, estará en condiciones de establecer una fecha para su primera reunión anual de patrocinadores. La reunión de patrocinadores le dará una oportunidad de reunir a todos sus patrocinadores claves, potenciales patrocinadores y patrocinadores individuales. Esta es su primera gestión importante para el financiamiento de la fundación de su iglesia.

Sugerimos que lleve a cabo su primera reunión de patrocinadores antes de su lanzamiento, y que luego continúe reuniéndose una vez por año mientras reciba sostenimiento financiero externo. Invite a los pastores principales de sus iglesias patrocinadoras. La oportunidad de conectarse con usted y de ver lo que Dios está haciendo por medio de su inversión mantendrá saludable el acuerdo de cooperación. Estas no son reuniones muy fáciles de coordinar, así que establezca la fecha de la primera reunión con bastante anticipación y asegúrese de permitir que cada patrocinador sepa que la misma será una actividad anual a lo largo del curso de su acuerdo de cooperación.

Aquí hay algunos pasos prácticos a seguir para poder tener una reunión de patrocinadores eficaz. (Véase el apéndice B para un ejemplo de un programa de reunión de patrocinadores).

1. Realice la reunión en su localidad

Las iglesias más grandes que lo están patrocinando podrían ofrecerse a realizar una reunión por usted, pero no lo acepte.

En cambio, incite a la gente a acudir y ver lo que Dios está haciendo en su zona. Muéstreles dónde llevan a cabo las reuniones. Enséñeles su oficina. Preséntales a su equipo ministerial. Permítales que conozcan a su esposa. Llévelos a un restaurante local para que puedan ver los rostros de las personas que van a alcanzar con su patrocinio. Muéstreles los alrededores de su iglesia y comuníqueles su visión de brindar ayuda a los necesitados. Ellos necesitan verlo con sus propios ojos.

2. Invite a los patrocinadores actuales y futuros

Sus patrocinadores actuales deberían asistir a la reunión de patrocinadores para que puedan ver el joven fruto de su inversión. Sin embargo, esta reunión no es solo para ellos. Invite a otros que estén considerando patrocinarlo. Como ya hemos mencionado, nada atrae tanto a los patrocinadores como ver que existen otros patrocinadores.

3. Invite a las esposas

Esto es algo crucial. Una y otra vez hemos visto cómo Dios utiliza a la esposa de un pastor de una iglesia patrocinadora para motivar a esa iglesia a involucrarse más. Las esposas de los pastores a menudo quieren conseguir que el ministerio de oración o el ministerio de mujeres de su iglesia estén más conectados con usted. Por su parte, no hay dudas de que su esposa valorará el contacto con las esposas de los patrocinadores. En algunas de las reuniones de patrocinadores que hemos conducido en la ciudad de Nueva York, nuestras esposas encontraron mucho aliento al establecer relaciones con las esposas de otros pastores.

4. Procure que la reunión sea divertida

Nada pasa hasta que alguien se entusiasma… ¡así que trate de que la reunión sea emocionante! Procure que sea divertida. Vayan a un restaurante de moda. Organice algo en el parque. Si hay un área donde pueden pasar una tarde jugando al golf, vayan y jueguen. Sea creativo. Procure que la reunión con sus patrocinadores sea una experiencia memorable.

Si la diversión requiere algo de desembolso, está bien. No se sienta culpable por permitir que los patrocinadores paguen su parte. Estarán contentos de hacerlo. Ellos están patrocinando su iglesia, y lo último que quieren hacer es agregarle un gasto a su presupuesto. Después de todo, si usted gasta dinero entreteniéndolos, comenzarán a preguntarse si en realidad está utilizando su dinero con sabiduría. Por lo tanto, en nombre de la buena diversión y un presupuesto conservador, compartan los gastos.

5. Pregunte por el gran compromiso

Si usted se olvida de hacer esto, habrá desperdiciado una oportunidad inestimable. Aunque su reunión debe ser divertida, informativa y servir como un medio para edificar las relaciones, en el fondo no se trata de eso. Todo se resume en una reunión de negocios donde le preguntará a cada iglesia por el gran compromiso para saber si continuarán apoyándolo o no.

Sí, esta tiene que ser una reunión de negocios real. No les pregunte a los potenciales patrocinadores por su compromiso a la hora del postre o durante el recorrido del golf. Busque un salón de reuniones donde puedan estar todos sentados para discutir el asunto del éxito de su iglesia. Durante la reunión de negocios, pregúnteles a sus patrocinadores por sus reflexiones del día. Permítales que cuenten lo que han visto y qué les está diciendo Dios. Luego hábleles de la visión y las metas a corto plazo para su iglesia. Enséñeles con detenimiento su presupuesto, y asegúrese de que todos tengan una copia para llevarse.

Podría pedirle al pastor de una de sus iglesias patrocinadoras que dirija esta reunión por usted. Si elige esta opción, tendrá que reunirse con este pastor con tiempo para repasar el presupuesto y asegurarse de que esté informado por completo y sea capaz de hablar de su visión. Tiene que ser alguien que esté dispuesto a preguntarles a los otros patrocinadores por el gran compromiso. Si puede encontrar a alguien que pueda manejar la reunión bien, permítale hacerlo. Si no, tome el control, realice su propia presentación y pida un compromiso.

Después, invite a cada patrocinador a expresar su compromiso frente al grupo. Para iniciar esta conversación, podría preparar a algunos de sus patrocinadores existentes antes de la reunión para que hablen de lo que ya se han comprometido a dar. Sus futuros patrocinadores se animarán entonces a hacerlo también. No estamos hablando aquí de llevar a cabo una especie de venta agresiva o de usar algún tipo de táctica de coerción… o de cerrar la puerta del cuarto hasta que los patrocinadores se comprometan a apoyarlo con $100.000. Todo lo que usted está haciendo es creando una atmósfera en la cual estos asuntos puedan ser discutidos franca y sinceramente de una manera que honre a Dios.

Recuerde, recaudar fondos es un arte, no una ciencia. Puede hacer todo lo que hemos indicado antes y continuar sin reclutar a los patrocinadores que necesita. Solo Dios sabe exactamente cuántos necesita y de dónde vendrán. Nosotros a menudo les decimos a los fundadores de iglesias que su iglesia les costará más de lo que piensan, pero que Dios es más grande de lo que creen. Tenga ánimo… Dios está en control de su nueva iglesia. Él sabe cuánto necesita y proveerá los patrocinadores en el momento correcto.

Viaje de fe

Una vez que elaboramos nuestro presupuesto inicial, reclutamos a los patrocinadores y completamos los asuntos técnicos discutidos antes, descubrí (Nelson) que Dios estaba haciendo algo sobrenatural en mi vida. Mientras yo estaba tratando de conseguir apoyo financiero, Dios estaba extendiendo mi fe. Mientras yo estaba buscando profundamente suplir estas necesidades económicas, Dios me estaba llevando a una relación más profunda con él. Jesús dijo: «Porque donde esté tu tesoro, allí estará también tu corazón» (Mateo 6:21). Yo estaba buscando un tesoro —el tesoro de encontrar el plan de Dios para esta nueva iglesia— y al mismo tiempo Dios estaba ensanchando mi corazón y atrayéndome a él.

Desde aquellos primeros días del comienzo de la iglesia en que nos preguntábamos de dónde sacaríamos los $1.500 que necesitábamos para un equipo de sonido hasta hoy que estamos pensando en cómo conseguir el cuarto de millón de dólares que necesitamos para pasar al siguiente nivel, Dios ha usado cada desafío financiero para aumentar la fe de todo nuestro equipo ministerial y de la familia de nuestra iglesia. Después de todo, cuando usted ve las necesidades que surgen y crecen, y luego es testigo de cómo suple Dios dichas necesidades cada vez mayores y en toda ocasión, ¿qué otra cosa puede hacer que confiar de un modo más profundo en Dios?

Mi viaje personal en cuanto a la recaudación de fondos ha sido en realidad el escenario de una historia más grande acerca de Dios extendiendo mi fe, y siento que él hará lo mismo con usted. Recuerde, la recaudación de fondos es un asunto de fe. Al tener fe para su nueva iglesia, Dios traerá consigo el sostenimiento económico. Dios no actúa según el principio de la escasez. Sus recursos son ilimitados. Dios opera con una mentalidad de abundancia, y él ya tiene todo lo que su nueva iglesia necesitará. Ahora bien, lo que él provee podría no ser lo que usted espera, o podría ser más de lo que imagina. No obstante, de un modo o de otro, será justo lo que necesita.

Nos encanta el dicho: «Donde Dios dirige, Dios provee». Nosotros confiamos en que Dios proveerá todo lo que usted necesita para comenzar de un modo eficaz su iglesia. Pero además de eso, oramos para que Dios haga crecer exponencialmente su fe durante el viaje.

> Y si somos hijos, somos herederos; herederos de
> Dios y coherederos con Cristo.
>
> ROMANOS 8:17

La formación

La pregunta más frecuente que los fundadores de iglesias me formulan es: ¿Por qué algunas nuevas iglesias prosperan y otras no? Hay varias respuestas válidas: (1) un liderazgo superior a la media, (2) la unción de Dios, (3) un buen plan, y (4) una atenta lectura de *Fundar*, escrito por esos muchachos de la ciudad de Nueva York.

Y esas son solo unas pocas razones. Además, existe la posibilidad de la ventaja de ser pionero, así como de contar con una estrategia orientada y financiada de una forma adecuada.

Dejando las bromas a un lado, creemos que hay una respuesta que da cuenta al menos del 80% del éxito de una nueva iglesia. Esta es nuestra respuesta.

Piense en el lanzamiento de una iglesia como en el nacimiento de un niño. ¿Cuál es el factor determinante y principal de la salud temprana de un recién nacido? Un nacimiento saludable. Toda buena madre ora por un nacimiento saludable y se prepara con vitaminas prenatales, un atento cuidado médico y otras medidas. De la misma manera, todo buen fundador de iglesias ora por un lanzamiento saludable.

Un lanzamiento enfermizo puede darse cuando una nueva iglesia comienza como resultado de la división de otra iglesia, cuando un fundador desobedece y no quiere hacer lo que Dios le dice, o cuando hay falta de fondos o de una estrategia sólida. A un nivel más sutil, una iglesia podría dejar de lograr un lanzamiento saludable debido a decisiones equivocadas en las contrataciones del personal, un equipo inicial que no trabaja de la forma apropiada (a veces denominado el «grupo principal», pero preferimos el término «equipo de lanzamiento»), o por precipitarse demasiado en comenzar los servicios semanales.

Los tres capítulos siguientes se centran en las maneras más eficaces que conocemos de asegurar el lanzamiento saludable de una iglesia.

LOS DIEZ TÍTULOS MÁS RECHAZADOS PARA FUNDAR

Fundación de iglesias para tontos
(nuestra sugerencia)

Fundación de iglesias por tontos
(la sugerencia de nuestra casa publicadora)

El primer libro de fundación de iglesias de Garfield

Plantando iglesias y otras flores silvestres

Aquí una iglesia, allí una iglesia, en todos lados una iglesia

Fundando iglesias: Cuando no lo puede hacer en una iglesia ya establecida

Comenzando una iglesia con bolsas de dinero

La guía de fin de semana de un fundador de iglesia para millones

Cómo comenzar una iglesia sin pago adelantado

Cómo comenzar a lo grande y caer abruptamente al fundar una iglesia
(¡Cuatro años o menos garantizado!)

Capítulo 5

La formación de un equipo

John Maxwell dice que el principio de liderazgo más importante que alguna vez haya aprendido es que «aquellos que están más cerca del líder determinarán el nivel del éxito de ese líder».[1] Cuando proceda a formar un equipo ministerial para su nueva iglesia, tenga en mente estas palabras. Encontrar los compañeros de equipo apropiados para que lo ayuden en esta travesía es un asunto serio. Las personas que usted incluya en su equipo lo impulsarán hacia el cumplimiento de la visión para su iglesia o serán como obstáculos en el camino.

No importa en qué lugar del proceso de comenzar su iglesia se encuentre, es probable que a ciencia cierta solo sepa una cosa en lo que respecta a la contratación del personal: Usted necesita un equipo ministerial. De acuerdo. ¿Y ahora qué? ¿Cuándo debería comenzar a contratar empleados? ¿Qué posiciones debería cubrir primero? ¿Dónde encontrará a las personas? ¿Cómo les pagará? ¿Cómo puede estar seguro de contratar personas que incrementen su nivel de éxito?

SE BUSCAN EMPLEADOS

Hay tres reglas cruciales para la contratación de personal que, cuando se toman en serio, pueden ayudarle a embarcarse de forma sabia en esta empresa de formar un equipo. Utilice estas reglas como su guía fundamental cuando comience a considerar los asuntos relacionados con la contratación del personal.

Regla 1: Busque primero el personal del primer año

Suena bastante simple, ¿verdad? Se asombrará de cuántos fundadores de iglesias comienzan tratando de cubrir las posiciones sin ningún plan de contrataciones a largo plazo en mente. De esta forma, terminan contratando personal para las posiciones equivocadas y en el orden equivocado. Recuerde, hay miembros del equipo ministerial *claves* con los que debe contar en el primer año de su iglesia:

- Pastor principal
- Líder de adoración
- Líder del ministerio de niños

Dado que es muy probable que usted sea el pastor principal, esa posición de máxima prioridad ya está cubierta, lo cual significa que el líder de adoración va a ser su contratación más importante para el primer año (más adelante, en este capítulo, entraremos en los detalles de cómo encontrar a un líder de adoración). El líder del ministerio de niños es la próxima posición imprescindible, a menos que su blanco demográfico en su gran mayoría no tenga hijos. En tal caso, solo necesita dos miembros para el equipo ministerial durante el primer año.

Esta fue la situación en *The Journey*. Durante nuestro primer año, estuvimos alcanzando principalmente a jóvenes profesionales solteros, artistas y parejas jóvenes sin hijos. Así que tomamos la decisión estratégica de no comenzar con un ministerio de niños, sino más bien concentrar nuestra energía en otro sitio. En realidad, no lanzamos *Journey Kidz* hasta casi dos años después de hacer el lanzamiento de nuestra iglesia. Esta fue la mejor decisión para nuestra situación… una decisión que usted podría considerar si está alcanzando un grupo de gente similar. Sin embargo, para la mayoría de las iglesias, establecer un ministerio de niños fuerte desde el comienzo es esencial para alcanzar a las familias de la comunidad con el evangelio.

Durante su primer año, usted *no* necesita contratar a una secretaria para la iglesia, un pastor de jóvenes u otro pastor especializado (por ejemplo: un pastor de discipulado). Contratar personal para estas posiciones demasiado temprano es un error común que cometen los fundadores de iglesias. No solo va a estar en mejor posición de contratarlos más adelante, sino que además cubrirá esa posición con una persona más capaz después de delegar eficazmente estas tareas tradicionales en algunos voluntarios y observar el desempeño de los potenciales candidatos.

Cuando usted no puede afrontar los pagos para el personal, no tiene otra opción que dominar el arte de delegar. Al principio, nunca le pague a nadie por lo que un voluntario podría hacer. Ahorrará dinero, verá quiénes son sus voluntarios más fuertes, y establecerá un precedente para la participación de futuros voluntarios. Esto se aplica de forma especial en lo que respecta a contratar a una secretaria. Espere hasta que su iglesia haya crecido más allá de las cien personas antes de siquiera considerar contratar a una secretaria. En cambio, como pastor principal, usted debería implementar métodos para que los voluntarios realicen las tareas básicas de secretaría.

La regla 1 debería servir como una guía para evitar que se sobrecargue de personal al principio, pero no debería impedir que su personal crezca si su nueva iglesia entra en un período de rápida expansión. ¡Si se está extendiendo como un fuego en la maleza y necesita más empleados de los que se contratan de manera tradicional durante el primer año, haga uso de su posición de líder para disponer de lo que sea necesario!

Regla 2: Decida cómo recaudará los fondos para los salarios

¿Cuál va a ser su filosofía de recaudación de fondos? Usted tendrá que tomar esta importante decisión antes de comenzar a contratar el personal. Es muy probable que no esté en condiciones de pagarles un salario a sus nuevos empleados, así que tendrá que llegar a un acuerdo a través del cual ellos puedan ayudar a recaudar fondos para su posición. Usted debe decidir cómo se va a generar y distribuir el dinero. A la hora de recaudar fondos para el personal, tenga en mente lo siguiente:

- Vea la recaudación de fondos como un plan a corto plazo, eficaz solo hasta que la iglesia pueda hacerse cargo del pago total de los salarios.
- Nunca se ofrezca a recaudar fondos para una nueva persona del equipo. Deje que esta persona se responsabilice.
- Nunca le pida al equipo que recaude el 100% de su salario. La iglesia debería proveer algún porcentaje, aunque sea una pequeña cantidad.
- Reclute colaboradores para las finanzas y la oración.
- No le pida al personal que recaude fondos si usted no recaudó fondos para sí mismo.

Recaudar fondos para su salario o pedirle al personal que recaude fondos al principio de una nueva iglesia puede ser una situación beneficiosa para todo el que esté involucrado. Su iglesia crecerá más rápido, y usted verá el rol vital que los compañeros de oración desempeñan en el proceso del lanzamiento. No hay duda, Dios usará el plan de recaudación de fondos para enseñarle a depender más de él.

Como hemos mencionado, nosotros tomamos ambos la decisión de ser ministros con una doble vocación durante los primeros dos años de *The Journey*. Esto nos permitía emplear todos los fondos que recaudábamos para alcanzar a los necesitados. En nuestro caso, utilizamos los fondos que teníamos para el personal en la contratación de un líder de adoración. Dios honra la sabia administración de sus fondos, así que no pase por alto la opción de ser un ministro con una doble vocación.

No importa cómo decida recaudar los fondos para los salarios, lo que importa es que tenga una regla para poder determinar un salario aceptable. Así que, ¿cuánto debería cobrar el pastor principal y el equipo ministerial? Es simple: Pague lo máximo que pueda sin limitar el futuro crecimiento de la iglesia. (El «manual anual de compensaciones para el equipo ministerial de una iglesia», disponible en www.churchstaffing.com, es un recurso que hemos encontrado muy útil para determinar los salarios del personal). Una vez que tenga la información, debe orar para tomar una decisión acerca del monto de los salarios.

Hasta el día de hoy, el pastor principal es el que fija la estructura salarial en *The Journey*. Si usted no se siente cómodo tomando estas decisiones, en especial cuando se trata de su propio salario, hable con otros pastores de su región para determinar un límite apropiado. Nosotros hemos visto a fundadores de iglesias que fijan sus salarios demasiado alto y como consecuencia dificultan el crecimiento de la iglesia. También hemos visto el sufrimiento de las familias de los fundadores de iglesias debido a un salario muy bajo. Realice las investigaciones necesarias y tome una decisión justa después de haber orado.

Regla 3: No tenga miedo de hacer el «gran pedido»

Pedirle a la gente que se una a usted en su obra puede ser una de las tareas más intimidantes que enfrentará al comenzar su nueva iglesia. ¡No permita que esto sea así! Nunca debería tener miedo de pedirles a los potenciales miembros del equipo ministerial que se unan a usted... aunque para ellos esto pueda significar un recorte de salario, un cambio de posición drástico o un nuevo desafío significativo. Como fundador de iglesias, debe aprender a pedirle a la gente que se una a usted en todos los ámbitos de la vida de la iglesia. Dios nunca quiso que lo hiciéramos solos. Él está en el proceso de formar a las personas que finalmente integrarán su equipo. No obstante, él va a dejar que usted sea el que los invite a participar. ¡No puede permitir que el temor le impida hacer su parte!

Cuando usted le pide a alguien que se una a su equipo, no le está pidiendo a esa persona que haga un sacrificio. (Si esta es su forma de pensar, tiene que cambiarla). Más bien le está ofreciendo a esa persona la oportunidad de su vida. A la hora de hacer el gran pedido, asegúrese de que su proposición sea clara, que sea presentada con cuidado, y que refleje la visión que Dios le ha dado.

Así que se encuentra ante el gran pedido: cómo pedirle a un líder de adoración que se una a usted.

CÓMO ENCONTRAR A SU LÍDER DE ADORACIÓN

Hay tres cosas que toda nueva iglesia debe tener antes de convertirse en una verdadera iglesia: (1) un pastor principal, (2) una fecha de inicio y (3) un líder de adoración. Suponiendo que ya se ha hecho cargo de las dos primeras, es hora de concentrar su atención en contratar a un líder de adoración.

Cuando comience a buscar su líder de adoración, no sienta como si debiera encontrar a esa persona perfecta que pueda dirigir la lista completa de futuros ministros de adoración. Esa no es la persona que usted necesita encontrar por ahora.

Busque simplemente a alguien que pueda dirigir sus servicios de adoración y alabanza. Eso es todo. Ahora bien, esta persona podría en realidad terminar siendo su pastor de adoración. ¡Genial! Pero para comenzar, su necesidad principal es un líder de adoración consecuente. Por lo tanto, ¿cómo encontrar a ese líder consecuente?

Piense en lo ideal

En un mundo ideal, si pudiera elegir a cualquier líder de alabanza, ¿a quién contrataría? ¿A quién conoce ya? ¿A cuál de aquellos sobre los que ha escuchado hablar le gustaría conocer?

Los candidatos de sus sueños podrían haber alcanzado la cima de su ministerio o estar al comienzo del mismo. Es posible que ni siquiera estén involucrados en el ministerio aún… pero usted sabe que ellos tienen la capacidad y el corazón para hacer la tarea. Sin tomar en consideración su posición actual, ¿a quién elegiría? ¡Vaya tras su máxima decisión! Su elección podría ser el número uno en la lista de «Los cuarenta principales de los premios Billboard», pero si Dios llama a esa persona a ser parte de su nueva iglesia, tal cosa podría considerarse una promoción. ¡Dios es más grande que estos cuarenta!

Cuando abordamos a nuestro primer líder de alabanza para *The Journey*, resultó ser Jason (el que estaba en el automóvil con Nelson al principio cuando anunció que Dios lo estaba llamando a Nueva York). En aquel momento él era el cantante principal de una banda de rock. Acababan de sacar su segundo álbum. Nosotros sabíamos que si Jason decía que sí, tendría que sufrir un recorte de salario, abandonar una carrera en ascenso y unirse a una aventura incierta. Él estaría corriendo un gran riesgo. Sin embargo, después de escuchar acerca de la visión y pasar un tiempo en oración, Jason decidió dejar su banda y unirse a nosotros en la ciudad de Nueva York, aunque tenía que recaudar su propio salario durante el primer año. Una gran decisión, sin duda, pero una de trascendencia eterna.

Hubiera sido muy fácil para nosotros decir: «No, él ya tiene la carrera hecha. Va rumbo a un verdadero éxito en el negocio de la música. No va a querer dejar todo para trabajar en una iglesia que recién comienza». No obstante, si hubiéramos pensado así, habríamos estado limitando a Dios. Dios tenía un plan para la vida de Jason que incluía a *The Journey*. Si nosotros hubiéramos tenido miedo de extenderle la invitación, habríamos actuado en perjuicio de Dios, de Jason y de nosotros mismos. Sabíamos que él era nuestra primera opción, y fuimos tras él.

Aunque su primera opción dijera que no, Dios va a honrar la fe que mostró al pedírselo. Hace poco (Nelson) recibí un correo electrónico de un plantador de iglesias que ejemplifica el gran pedido en acción:

> Esta semana fui tras mi sueño [el líder de adoración]. Es un líder que estuvo en la conferencia de alabanza y adoración de Saddleback el verano pasado, cantando al aire libre en una de las plataformas del recinto universitario. Lo llamé y traté de convencerlo de venir a nuestra iglesia. No accedió, pero está buscando un líder de adoración para enviárnoslo. Tal vez Dios use este acto de fe de pedir para conectarme con la persona que él tiene para este ministerio. Estoy haciendo todo lo que puedo de mi parte.

Conviértase en un cazatalentos

Al comenzar el proceso de búsqueda, emprenda la misión de conocer a tantos líderes de alabanza como sea posible. Averigüe entre sus amigos para saber a quiénes conocen, asista a conferencias de alabanza, indague entre sus iglesias patrocinadoras y en la Internet. Conviértase en el cazatalentos de un líder de alabanza y vea a quién puede descubrir. Sea tan intrépido como pueda (¡sin ser desagradable!).

Las universidades y las escuelas bíblicas son lugares ideales para dar una mirada. Recientemente, el fundador de una iglesia en Phoenix encontró a todo un equipo de adoración en la escuela bíblica local. Contacte a los profesores de música o ministros de las universidades y hágales saber qué está buscando en un líder. Ellos podrían conocer a la persona indicada. Si usted decide trabajar con un estudiante como líder de alabanza, sería bueno que estableciera un período de prueba antes de contratarlo de manera definitiva.

Todavía buscando...

¿Qué sucede si agotó todos sus recursos y sigue sin poder encontrar a un líder de alabanza? Ante todo, no entre en pánico. Dios le enviará el líder apropiado en el momento oportuno si de veras está poniendo todo su empeño. Mientras tanto, durante sus servicios mensuales, usted puede convocar a un líder de alabanza de una iglesia del área o incluso a alguien de un estado diferente que conozca. No obstante, una vez que comience los servicios semanales, es mejor tener a alguien integrado al equipo ministerial.

Como hemos mencionado, la clave en estos primeros días es una presencia constante. Quizás usted consiga a alguien que dirija la alabanza y la adoración por un tiempo corto pero de una forma consecuente, tal vez de dos a seis meses. O podría salir adelante con opciones creativas, como discos compactos de alabanza y adoración. También podría considerar la posibilidad de pedirle a alguien inexperto de su equipo de lanzamiento que pueda dirigir lo suficiente bien que conduzca la adoración por algunos meses.

Como último recurso, si no puede encontrar ningún líder de adoración, sería bueno que retrasara su fecha de lanzamiento por un mes. Sin embargo, asegúrese de poner todo su empeño para encontrar a un líder de adoración y de intentar todas estas opciones antes de ni siquiera pensar en cambiar su fecha de lanzamiento. Encontrar al líder de adoración apropiado podría llegar a ser increíblemente fácil para usted o convertirse en una búsqueda jamás pensada. Cualquiera sea el caso, una vez que esa persona está establecida, usted habrá cubierto la posición más importante del primer año para su nueva iglesia. ¡Saber que ya tiene a la persona apropiada integrada a su equipo hará que las penas que atravesó para conseguir a dicha persona se desvanezcan con rapidez!

UTILICE A LOS EMPLEADOS DE LAS IGLESIAS PATROCINADORAS

Previo a su lanzamiento, cuando esté buscando miembros para su equipo ministerial, no pase por alto a las iglesias patrocinadoras. Las iglesias que le ofrezcan su apoyo financiero a menudo pondrán sus empleados a su disposición para proyectos específicos o actividades claves. Si la relación que tiene con su patrocinador es fuerte, podría llegar a descubrir que ya puede disponer de un equipo grande por un tiempo limitado. Discuta esta opción con los contactos de sus iglesias patrocinadoras. La disposición de ellos a participar podría llegar a sorprenderle.

En los comienzos de *The Journey*, recibimos el gran apoyo de una de nuestras iglesias patrocinadoras que nos ayudó con el diseño gráfico. Esta iglesia tenía un diseñador gráfico a tiempo completo que estuvo dispuesto a dedicarnos uno o dos días al mes para asistirnos con los proyectos especiales. El entusiasmo que tenía el diseñador por ayudarnos no solo nos hizo ahorrar dinero, sino también nos permitió estar a la vanguardia en el ámbito del diseño gráfico. Las iglesias patrocinadoras nos han ayudado en todo, desde ofrecernos consejos sobre la planificación de las actividades y los servicios hasta asistirnos en el establecimiento de los sistemas contables. ¡Usted simplemente tiene que estar dispuesto a pedir!

Además de sus iglesias patrocinadoras, hay muchos recursos disponibles en la Internet para ayudarle con el personal. A lo largo de los últimos años hemos dado a conocer mucho de lo aprendido de manera tal que los fundadores de iglesias puedan tener acceso a dicha información y utilizarla con facilidad. Visite www.churchfromscratch.com para ver cómo este tipo de asistencia puede ayudarlo en el comienzo de su iglesia.

El beneficio de los empleados a tiempo parcial

Los empleados a tiempo parcial son esenciales para el crecimiento inicial de su iglesia. Durante el primer año de su iglesia y más allá, comience a observar a su alrededor para ver quién ya está ofreciendo una cantidad significativa de horas de servicio como voluntario. Estos individuos comprometidos a menudo están dispuestos a incrementar sus horas de servicio y convertirse en miembros del equipo ministerial a tiempo completo por una paga relativamente pequeña. En *The Journey* nos ha ido muy bien con tres tipos de empleados a tiempo parcial.

1. Empleados a tiempo parcial verdaderos

Los empleados a tiempo parcial tradicionales reciben la mitad o la cuarta parte de un salario a tiempo completo y se les requiere que asistan a las reuniones de equipo. Se espera que trabajen y mantengan una cantidad establecida de horas de oficina (si es que usted tiene una oficina cuando son contratados, de otra manera pueden trabajar desde la casa y se los convoca en ciertos momentos). Así como con los miembros del equipo ministerial, ellos tienen una descripción aprobada del puesto de trabajo y claras expectativas. Los empleados a tiempo parcial verdaderos podrían incluir al líder de adoración, una secretaria o administradora de oficina, un director de niños o incluso al pastor principal. A quién contratar como un verdadero empleado a tiempo parcial dependerá de su situación en particular.

2. Empleados de $50 por semana

Desde el principio, *The Journey* ha utilizado una clase de empleados a tiempo parcial que denominamos «empleados de $50 por semana». Aunque estos empleados reciben mucho menos que la mitad o la cuarta parte de un salario de tiempo completo, siguen siendo una parte vital de nuestro equipo. En realidad, la cantidad semanal que ellos reciben podrían ser más de $50 (a veces $75 o hasta $200 por semana). Los empleados de $50 por semana han sido una de nuestras estrategias de contratación más eficaces.

He aquí como nació esta idea: En los comienzos, mientras aún estábamos realizando servicios mensuales, despertamos el interés de un joven estudiante universitario para que asistiera a nuestra iglesia. El primer domingo que asistió solo teníamos una asistencia de quince personas, así que fue fácil ubicarlo. Él no se puso de pie de inmediato y dijo: «¡Contrátenme!» (¡o hubiéramos corrido con rapidez!). Simplemente siguió asistiendo. Poco a poco comenzó a llegar a los servicios cada vez más temprano para ayudarnos a armar todo o se quedaba hasta tarde para ayudarnos a recoger. Él fue, en esencia, nuestro primer voluntario comprometido. Unos cuantos meses más tarde conseguimos nuestro primer local para la oficina y no pasó mucho tiempo para que este muchacho viniera a ayudarnos a doblar programas, preparar el material del domingo o hacer cualquier otra cosa que necesitáramos.

Después de casi cuatro meses de servicio, este joven se volvió imprescindible para nosotros. Nos dimos cuenta de que dependíamos de él cada semana, y él siempre estaba allí. Cuando no tenía clases, venía a colaborar en la iglesia. Además, vimos que Dios estaba trabajando en su vida. Estaba creciendo en su fe al ofrecer su servicio. Así que decidimos formalizar su rol. Le ofrecimos $50 por semana de estipendio (no se le podría decir salario) para que siguiera haciendo lo que estaba haciendo. Él aceptó, y descubrimos el rendimiento de un empleado de $50 por semana.

Usted podría preguntar: «¿Por qué pagarle si él ya era responsable haciéndolo gratis?» Primero, nos dimos cuenta de que ya no podíamos prescindir de él. Segundo, nosotros queríamos recompensar su servicio de alguna manera. Lo que él hacía valía mucho más que $50 dólares, pero este arreglo nos dio la oportunidad de confirmarlo como parte de nuestro equipo.

Según nuestra experiencia, nadie ha rechazado alguna vez la proposición de los $50 por semana, y este salario simbólico asegura mucho compromiso y una responsabilidad adicional de parte de un voluntario ya dedicado. Cuando un voluntario acepta los $50 por semana de estipendio, hacemos de este individuo un miembro oficial del equipo ministerial y formalizamos la descripción de su trabajo. Por lo general, simplemente le solicitamos a la persona que estamos contratando que haga una lista todo lo que ya está haciendo, y luego invitamos al nuevo miembro del equipo a agregar algunas áreas adicionales donde le gustaría colaborar o sugerir mejoras a la nueva descripción del puesto de trabajo.

Una vez que el voluntario regular se ha vuelto tan esencial para el equipo que si se marchara habría que contratar a un sustituto, es hora de ascender a esa persona al nivel de $50 semanales. Si esta persona más adelante deja vacante la posición, ya tendrá una descripción de su puesto de trabajo establecida y será más fácil reemplazarla. Asimismo, si esta persona comienza a tener un pobre desempeño, usted está en condiciones de despedir a ese individuo del personal. Es más fácil reemplazar a alguien del personal con una descripción formal de su puesto de trabajo que a un voluntario problemático.

3. Pasantes

Los pasantes son un recurso en extremo valioso para la formación del equipo de una nueva iglesia. De manera usual, son estudiantes que toman uno o dos semestres libres de la universidad para colaborar en su iglesia. (Nosotros a menudo nos referimos a nuestros pasantes en *The Journey* como misioneros semestrales o misioneros de verano).

Los exitosos pasantes tendrán: (1) un tiempo establecido en el que van a colaborar con usted; (2) una descripción clara de su puesto de trabajo y (3) una gran sentir por su nueva iglesia. Los pasantes en realidad se convierten en una parte de su familia extendida, dado que usted por lo general les ayudará a encontrar un lugar para vivir, vendrá a ser como un consejero profesional, y básicamente hará todo lo que pueda para ayudarlos a tener una gran experiencia de trabajo en su iglesia. Igual que en todas las decisiones referidas a la contratación de personal, una preselección cuidadosa es la clave para contratar a un pasante eficiente.

La gran ventaja de los pasantes es que se costean ellos mismos al recaudar su salario y sus gastos de mantenimiento. En nuestra iglesia, les pedimos a nuestros pasantes que recauden al menos la mitad de los fondos necesarios antes de su fecha de comienzo. También sería bueno que tenga un plan para ayudar a sus pasantes a crecer en la fe y el llamado mientras colaboran con usted. Esto podría incluir un tiempo de reunión semanal con ellos donde puedan estar juntos, leer e intercambiar opiniones sobre algunos libros o hablar de lo que están aprendiendo acerca del ministerio de la iglesia.

Muchos de nuestros pasantes terminan sirviendo de manera exitosa en los ministerios de las iglesias locales. Algunos hasta se han unido a nuestro equipo ministerial después de su graduación. A decir verdad, nuestro primer misionero de verano terminó mudándose a la ciudad de Nueva York después de su graduación e integró nuestro equipo ministerial un año más tarde. El que comenzó como un simple pasante terminó siendo uno de los miembros de nuestro equipo más valiosos y consagrados.

Usted podrá encontrar pasantes en muchos lugares diferentes. Conéctese con sus iglesias patrocinadoras, contacte a sus líderes denominacionales y hable con organizaciones cristianas o pastores universitarios o de post-grados. (También podría ser útil que visite el sector de pasantías de nuestro sitio en la Internet en www.journeyleadership.com).

LECCIONES DESDE LAS TRINCHERAS

La contratación del personal es un arte, no una ciencia. Hemos descubierto que el ámbito del liderazgo en la edificación de una iglesia es el que consume más tiempo, es más descorazonador y exige más examen de conciencia que cualquier otro. En el proceso, hemos aprendido tres lecciones difíciles de las que se espera que nos beneficiemos.

Lección 1: Contrate a alguien a tiempo parcial antes que a tiempo completo

Por si no lo ha notado, somos partidarios de un equipo a tiempo parcial. Como regla general, preferimos contratar a una persona a tiempo parcial antes de que llegue a trabajar a tiempo completo. Contratar a alguien a tiempo parcial en primer lugar le ofrece un período de prueba. Ambas partes tienen la posibilidad de evaluar si la posición es la indicada. Además, le permite la posibilidad de aprender cómo ayudar a ese miembro del personal a ser en verdad exitoso, lo cual viene a ser su verdadero rol como supervisor.

El único miembro del personal que tuvimos que despedir durante los primeros tres años de *The Journey* fue alguien que trajimos al equipo para cubrir una posición a tiempo completo. Probablemente violamos media docena de otras reglas de contratación con esa persona también, pero si hubiéramos visto a este muchacho en acción al principio a tiempo parcial, tal vez habríamos previsto la angustia y las consecuencias que resultaron.

Lección 2: Contrate a alguien de su iglesia

Casi siempre contratamos a alguien de nuestra iglesia en vez de contratar a una persona de otra iglesia o ciudad. Es obvio que sin aún no tiene una iglesia, no puede contratar a su líder de adoración o al líder del ministerio de niños de entre sus miembros. Sin embargo, de tres a seis meses después de su lanzamiento sería bueno que comenzara a buscar entre los miembros de su iglesia cuando tenga que contratar a alguien para su equipo ministerial. Las razones para contratar a alguien de su iglesia han sido discutidas en detalle en muchos otros libros, pero en general los beneficios incluyen los siguientes:

- La persona que usted contrata es alguien conocido.
- Esta persona ya tiene experiencia y antecedentes.
- Contratar a un miembro de la iglesia implica no tener que invertir en gastos de mudanza y tiempo de adaptación.
- Esta persona ha sido el resultado de su estrategia y ministerio.
- Esta persona tiene una base de participación voluntaria de la cual extraer (recuerde, usted contrata personal para trabajar en equipo, no para hacer todo el trabajo por sí mismos).

Además, los miembros del personal que surgen de su propia iglesia se mantienen más tiempo en el puesto, dado que no están buscando dar el próximo paso en su carrera ministerial. La mayoría de nuestros miembros del personal han venido del mundo de los negocios, no del mundo religioso. Aunque esto tiene algunas desventajas, hemos encontrado que las mismas son compensadas por los beneficios de integrar a personas que ya están activas en la iglesia.

¿Cómo identificar a las personas que serían buenos miembros del personal? ¿Cómo ayudarlos a ganarse el puesto por su propio esfuerzo? Hay una trayectoria general en el paso de los colaboradores voluntarios a miembros del personal a tiempo completo. De manera ideal, así es cómo funcionaría el proceso con un miembro hipotético de la iglesia, al que llamaremos «Bob»:

Paso 1: Bob comienza a asistir a su iglesia.
Paso 2: Bob se ofrece como voluntario para un ministerio.
Paso 3: A Bob le va bien como voluntario y comienza

a dirigir a otros voluntarios. (Esto converti-
ría a Bob en lo que nosotros denominamos un
«voluntario de alta capacidad», un término
que tomamos prestado de Bill Hybels).

Paso 4: A Bob le continúa yendo bien como voluntario
de alta capacidad y usted lo pasa al nivel de
personal de $50 por semana.

Paso 5: Usted contrata a Bob como personal a tiempo
parcial o tiempo completo.

La mayoría de los errores que se producen al realizar las contrataciones tienen lugar cuando usted lleva a una persona como Bob directamente del paso 1 al paso 5. Los miembros del personal más eficientes en *The Journey* han progresado a través de cada uno de los pasos. En realidad, una manera de juzgar el futuro potencial del personal de su iglesia es midiendo cuántas personas tiene en cada paso. ¡Quizás sea tiempo de contratar nuevo personal!

Lección 3: Las tres C

Cuando contrate a un nuevo miembro del personal, asegúrese de que el individuo posea las tres C:

1. *Carácter:* ¿Es el potencial miembro del personal una persona confiable? ¿Tiene un historial de integridad?

2. *Carisma*: ¿Le cae bien esa persona? ¿Es alguien con quien se puede mantener una buena relación? ¿Se ajusta la actitud de esta persona a la suya y a la cultura que usted quiere instaurar?

3. *Competencia*: ¿Puede esa persona realizar el trabajo? ¿Tiene las cualidades fundamentales necesarias para aprender a realizar el trabajo?

Consulte con el líder de cualquier organización o departamento y le dirá que la mayoría de las personas es contratada por su competencia y despedida porque no cae bien o por su carácter. Asegúrese de que posea las tres C antes de contratar a alguien, lo cual le dará una ventaja y le ahorrará las tres L del final: ¡lapsos de tiempo, lamentos y lágrimas!

CLARIDAD: EL SANTO GRIAL EN LA FORMACIÓN DE UN EQUIPO MINISTERIAL

Cada iglesia tendrá su propio y único camino hacia la formación de un equipo completo. No obstante, sin importar el camino por el que usted transite, habrá un denominador común para todas las decisiones de contrataciones a realizar: la claridad.

Usted necesitará claridad para saber cuándo contratar al próximo miembro del personal. Hemos descubierto que nunca tendrá el dinero antes de contratar a su personal, así que la claridad no está necesariamente vinculada a los informes financieros. Más bien la claridad proviene de la seguridad y la confirmación de que es tiempo de concentrarse en el siguiente aspecto de su iglesia que necesite asistencia y atención.

Necesitará claridad en cuanto a cómo estructurar su personal. Una vez un mentor nos desafió a pensar siempre de nuestra iglesia como si fuera dos veces mayor que su tamaño actual. Tal pensamiento futuro con frecuencia trae una sensación de claridad para saber cuál es el siguiente miembro del personal que necesita contratar.

Finalmente, necesitará claridad con respecto a las expectativas del personal. Ya se trate de un miembro del personal de $50 por semana o de la persona mejor remunerada de su personal (durante los primeros días esta podría ser la misma persona), siempre luche por unas expectativas claras y concisas. Desarrolle una descripción del puesto de trabajo, mantenga reuniones con los miembros del personal y establezca evaluaciones para ayudar a traer claridad en cuanto a este aspecto.

Aquellos que estén cerca de usted determinarán en verdad el nivel de su éxito. En ningún otro ámbito de la iglesia ocurre esto, sino en la formación, dirección y desarrollo de su equipo ministerial desde cero.

> **Sé fuerte y valiente, porque tú entrarás con este pueblo al territorio que el Señor juró darles a sus antepasados.**
>
> DEUTERONOMIO 31:7

Nota

1. John Maxwell, *Desarrolle los líderes que están alrededor de usted: Cómo ayudar a otros a alcanzar su máximo potencial*, Thomas Nelson Publisher, Nashville, TN, p. 203.

Las 10 lecciones para contratar personal de *The Journey*

1. Usted nunca tendrá suficiente dinero para contratar personal.
2. Contratar el personal precede al crecimiento, no viceversa.
3. Contrate con lentitud, despida con rapidez. Una manzana podrida echa a perder al resto.
4. Contrate personas de su iglesia siempre que sea posible.
5. Contratar y despedir al personal es al final la responsabilidad del pastor principal.
6. Contrate personal a tiempo parcial antes de que lleguen a trabajar a tiempo completo.
7. Nunca contrate personal cuando pueda encontrar un voluntario.
8. El rol del personal es encontrar voluntarios adicionales.
9. Mantenga reuniones semanales con el personal.
10. La claridad y la responsabilidad son las claves para un personal eficiente.

Capítulo 6

La planeación de su primer servicio

¿Participó en los deportes en la escuela secundaria? ¿Marchó en una banda? Cuando empezaban las prácticas cada año, ¿cuál era el único motivo de su esfuerzo? ¿Qué objetivo mantenía en todo momento el entrenador frente a usted? ¡El primer gran partido! No hubiera habido razón para el entrenamiento físico, la planeación del partido y la solidificación del equipo si su temporada nunca hubiera dado inicio. Usted sabía para cuándo estaba programado el partido, y todo lo que hacía era en preparación para esa noche importantísima y la temporada que comenzaba.

Su fecha de lanzamiento es el punto de inicio de su nueva iglesia. Es el día en el que usted comenzará a realizar servicios continuos. Todo gira en torno a esa fecha: la financiación, la estrategia, la publicidad, los sistemas, los equipos… todo. Una fecha de lanzamiento establecida es especialmente fundamental porque:

- Justifica su presupuesto
- Produce entusiasmo en su equipo
- Le brinda una meta a seguir
- Provoca un sentido de urgencia
- Determina su plan de publicidad
- Fija su fecha límite
- Le brinda un enfoque a su esfuerzo

- Lo responsabiliza
- Manifiesta seriedad ante los patrocinadores y curiosos

La fecha de lanzamiento es el primer gran partido después de una larga pretemporada de práctica. Es el primer acontecimiento importante de su nueva iglesia. Así que es tiempo de programar su fecha de lanzamiento y comenzar a prepararse.

FIJE SU FECHA DE LANZAMIENTO

Cuando piense en la fecha de lanzamiento de su iglesia, recuerde que su meta máxima es *llevar a cabo tanta publicidad como sea posible, con tanta gente como sea posible.* Usted tal vez ya tenga una fecha en mente. Si no, piense de nuevo en su llamado original. ¿Cuándo se vio realizando el lanzamiento de su nueva iglesia? Escriba con rapidez esa fecha, sin pensarlo dos veces ni darle vueltas al asunto… ¡simplemente escríbala!

A menos que la fecha que acaba de escribir sea mañana, póngase a trabajar en ello. Hay dos cosas que está buscando con una fecha de lanzamiento: (1) una fecha en la cual usted tenga el potencial de alcanzar a la mayor cantidad de personas y (2) una fecha que preceda a un período de tiempo en el que por lo general es menos probable que la gente viaje fuera de la ciudad. Con estas pautas en mente, hay tres fechas de comienzo ideales:

1. *La época de regreso a clases:* Cuando los chicos se preparan para regresar a la escuela, las familias tienden a aquietarse y permanecer en el lugar por un tiempo. Este es un buen tiempo para lanzar una iglesia. Todos acaban de regresar de las vacaciones de verano, y con el otoño

y el invierno por delante, comienza a aparecer una renovada sensación de rutina. La época de regreso a clases es también una de las dos épocas del año en que la gente tiende a reevaluar sus vidas y metas. Además, debido a que la mayoría de la gente se muda durante el verano, este es un buen momento para atraer a las nuevas familias (o los nuevos estudiantes, si está en una ciudad universitaria).

2. *Después del receso de Navidad y Año Nuevo*: Después de los villancicos y que el minutero del reloj marque el nuevo año, la mayoría de la gente se prepara a regresar al ritmo normal de la vida. Una vez más, esta es una época del año en que la gente reevalúa sus prioridades y se fija nuevas rutinas. Además, dado que mucha gente acaba de arruinar su presupuesto con los gastos de Navidad, hay menos viajes y planes de entretenimiento para los fines de semana. La Navidad y el Año Nuevo es además la época del año cuando la depresión es más común, por lo que la gente está a menudo más receptiva a la búsqueda espiritual. Los primeros días de febrero es una buena opción para la fecha de lanzamiento de su iglesia.

3. *Pascuas*: Si una persona incrédula va a asistir a una iglesia de modo alguno, indudablemente será el domingo de Pascuas. Así que esta es una época perfecta para darle a esa persona la posibilidad de asistir a una nueva iglesia. Si la Pascua cae al principio del año, puede ser la época ideal para comenzar una iglesia. Sin embargo, si cae más tarde en el año, tendrá que sopesar los beneficios de una asistencia inicial profusa con las desventajas de las inminentes vacaciones de verano.

Nunca realice el lanzamiento de una iglesia el Día de la Independencia, el Día de Acción de Gracias, en Navidad, en Año Nuevo, en la final del Campeonato Mundial de Fútbol, una semana de receso escolar o cualquier otro día que no sea domingo. Nosotros realizamos el lanzamiento de *The Journey* el domingo de Pascua, 24 de marzo de 2002. Habíamos programado esa fecha de lanzamiento desde el principio. Dado que la Pascua caía relativamente temprano y nosotros estábamos en el noreste, pudimos tomar impulso y crecer en abril, mayo y la mayor parte de junio antes de que comenzaran las vacaciones de verano. Mirando atrás, hubiéramos preferido realizar el lanzamiento en febrero. Pero una vez que decidimos que fuera en Pascua, estuvimos determinados a ceñirnos a esa fecha.

Haga todo lo que pueda para ceñirse a su fecha original de lanzamiento. Siempre se sentirá tentado a esperar que las condiciones mejoren solo un poco: hasta tener más gente, un mejor lugar de reuniones o un patrocinador más. Las condiciones nunca serán perfectas. Nos encantaría decirle que todo lo referido al lanzamiento de *The Journey* fue una tarea fácil... ¡pero eso está lejos de ser verdad! Tuvimos un millón de razones justificables para retrasar nuestro lanzamiento hasta el otoño. Sin embargo, entendimos la importancia de seguir adelante en fe con la fecha que Dios nos había dirigido a programar. La mejor decisión que tomamos (quizás la única decisión correcta que tomamos durante ese período) fue ceñirnos a nuestra fecha de lanzamiento.

Así que regresemos a la fecha que usted escribió antes. ¿Cuánto tiempo le queda hasta esa fecha? Si faltan de tres a seis semanas y cae dentro de uno de los períodos claves de lanzamiento descritos con anterioridad, siga adelante con esa fecha. Si tiene una gran duda (y queremos decir *grande*), siga leyendo y veamos si podemos encontrar alguna explicación.

Servicios mensuales

Usted necesita escalones para progresar de donde está hasta la fecha de su lanzamiento. Nosotros le denominamos a estos escalones «servicios mensuales», aunque también podemos referirnos a ellos como «servicios preliminares» o «servicios de preestreno». Los servicios mensuales son servicios reales que usted comienza a realizar de tres a seis meses antes de su fecha de lanzamiento. Estos son los precursores estratégicos incuestionables de su lanzamiento. En *The Journey*, en preparación para nuestro lanzamiento de Pascua, realizamos seis servicios mensuales antes de comenzar con nuestros servicios semanales.

El esfuerzo que conlleva realizar los servicios mensuales está ampliamente justificado. Hemos visto que la mayoría de las iglesia que se saltan este paso comienzan con cifras más pequeñas y luchas más grandes. Pero recuerde, los servicios mensuales…

- Reciben el apoyo de un equipo de lanzamiento
- Producen impulso
- Le proporcionan práctica y le permiten mejorar sus habilidades
- Le dan la oportunidad de crecer
- Proporcionan más tiempo para llevar a cabo un seguimiento
- Permiten un uso más eficaz de los recursos iniciales
- Disminuyen su nivel de estrés
- Hacen que su fecha de lanzamiento sea menos intimidante
- Forjan una mayor conciencia de la iglesia.
- Despiertan el entusiasmo en la iglesia
- Le ayudan a ceñirse a su fecha de lanzamiento
- Le permiten comprobar su lugar de reunión

- Le permiten examinar a su líder de adoración
- Confeccionan un banco de datos de futuros asistentes semanales

Los servicios mensuales le brindan una incalculable oportunidad para probar el manejo de sus métodos, su equipo ministerial y, hasta cierto punto, incluso su estilo de servicio. Al mismo tiempo, usted está llevando a cabo un ministerio verdadero con la gente que asiste. Estos servicios deberían reflejar con el mayor detalle posible cómo será su servicio el día del lanzamiento. No convoque a grandes oradores o músicos. Usted y su líder de adoración deberían dirigir estos servicios, de la misma manera que hará con los servicios semanales.

Tenga en mente los consejos siguientes, los cuales le ayudarán a realizar sus servicios mensuales con la mayor solidez posible.

Qué hacer	Qué no hacer
Predicar una serie de mensajes	Hablar solo de su visión futura
Hablar de sus futuros servicios semanales	Decir que está «practicando»
Recibir una ofrenda	Pedirles a los asistentes que se unan a la iglesia
Esmerarse	Dudar en hacer evaluaciones y mejoras
Realizar al menos tres servicios mensuales	Realizar más de seis servicios preliminares

Una pregunta común

Los fundadores de iglesias a menudo nos preguntan: «¿A quiénes convoco para trabajar en mi primer servicio preliminar?». En la mayoría de los casos, el primer servicio preliminar es llevado a cabo íntegramente por el pastor, el líder de adoración y sus esposas e hijos mayores. Dado que usted tal vez tenga muy pocas personas que reclutar para que le ayuden con su primer servicio mensual, tendrá que encontrar una manera de hacerlo todo. En el primer servicio preliminar de *The Journey*, nuestro líder de adoración y yo (Nelson) nos turnamos para manejar nuestras transparencias en PowerPoint. Además, me desempeñé como el que recibía a la gente y el ujier. Mi esposa y la esposa del líder de adoración atendieron la mesa de refrigerios antes del servicio y la mesa de recursos al final del servicio.

Usted debe estar dispuesto a desempeñar cualquier trabajo que necesite ser realizado. Ninguna medida que tome será demasiado. Este es su llamado. Desde luego, hay maneras de traer ayuda de afuera. Después de hacer su primer servicio mensual y realizar una tarea de seguimiento con aquellos que asistieron, puede pedirles a estas personas que colaboren la próxima vez. También existe la posibilidad de programar equipos misioneros que le ayuden durante los otros servicios mensuales. No obstante, en esa primera vez, adopte la postura de este poema de Edward Everett Hale:

> Soy el único,
> Pero al menos estoy yo.
> No puedo hacer todo
> Pero al menos puedo hacer algo;
> Y dado que no puedo hacerlo todo
> No me negaré a hacer lo único que puedo hacer.[1]

Con usted, su líder de adoración y su familia haciendo lo «único» que pueden hacer, podrá lograr que los primeros servicios mensuales sean exitosos y transcurran sin dificultades.

ERROR CRÍTICO

El error más grave que usted puede cometer en un servicio mensual es *dejar de recoger la información de contacto básica de aquellos que asistieron a sus servicios preliminares mensuales*. Las personas que asistieron a sus servicios mensuales son las que tienen el mayor potencial para convertirse en sus primeros asistentes regulares. No pierda la oportunidad de seguir en contacto con aquellos individuos que Dios le envía durante este período crucial del comienzo de su iglesia.

Cuando comience a realizar la labor de seguimiento de las personas, tenga en mente estos principios básicos:

1. *Una labor de seguimiento cuidadosa*. Determine qué método de recolección de información de contacto es más eficaz con la gente (correo electrónico, carta, llamada telefónica, etc). y luego solicítele a la gente su información. En la recolección de la información de contacto, sea radical, pero amable. Asegúrese de que no se le escape nadie. Cada persona que usted debe seguir atendiendo es una persona que Dios ha confiado a su cuidado.

2. *Una labor de seguimiento rápida*. Una labor de seguimiento rápida es la mejor forma de conservar los resultados. Usted debería comenzar el proceso de seguimiento después de uno o dos días de la actividad o servicio. No lo postergue. Incorpore los nombres a su base de datos y comience a escribirles lo antes posible. Una labor de seguimiento rápida no solo impresiona al beneficiado, sino que creemos que también honra a Dios. Con esto le está mostrando a las personas que ellas le importan, y le muestra a Dios que usted está agradecido por aquellos que él le ha enviado.

3. *Una labor de seguimiento personal*. Un contacto personal es la mejor forma de seguimiento. Ahora bien, esto no significa que usted tiene que llamar

o visitar personalmente a la gente. A decir verdad, en la ciudad de Nueva York una llamada telefónica o una visita personal son consideradas bastante desagradables. En su lugar, escriba cartas. Cartas personales. Cartas escritas a mano. No queremos que nadie piense que es un nombre en una computadora. ¡No lo son! Son individuos valiosos que se merecen una labor de seguimiento personal.

En *The Journey*, hasta hemos ofrecido libros gratis como un incentivo para que la gente complete sus tarjetas de comunicación y las coloquen en la ofrenda. Una vez que usted tiene la información de contacto, puede realizar una labor de seguimiento sin ser desagradable y comenzar a formar su equipo de lanzamiento (véase el capítulo 7).

El mejor consejo para la predicación

Utilice una serie de predicaciones mensuales. Recuerde, sus servicios mensuales son servicios reales. Una serie en varias partes es una buena manera de hacer que la gente regrese por más. Por ejemplo, los servicios mensuales de *The Journey* comenzaron justo después de los ataques del 9/11. La gente de la ciudad se encontraba en la apremiante necesidad de una verdad a la cual aferrarse. Así que decidimos realizar una serie de tres meses titulada: «Cómo reconstruir mi vida». El tópico era relevante y de ayuda para el tiempo difícil que los asistentes estaban atravesando. De manera similar, cuando usted planee sus servicios mensuales, presente una serie de mensajes dirigida a las «necesidades» que conste de tres a seis partes y tenga relación con el público al que va dirigida y la época del año. Los temas podrían incluir la familia, el trabajo, las relaciones, el estrés o el éxito, para mencionar algunos.

Una vez que haya determinado su serie, promocione el título de la misma y los títulos de los mensajes individuales en todo su material de publicidad para los servicios mensuales. Una predicación en serie y el anuncio del título de los mensajes por adelantado no solo atraerán a la gente a su servicio mensual inicial, sino también les dará una idea de qué esperar y los inquietará a regresar. En cuanto a usted, planificar esta serie mensual lo preparará para la realidad futura de la planificación de los mensajes semana tras semana.

Decídase

Ahora que ya conoce las épocas claves para comenzar una iglesia y entiende todo lo que conlleva la planificación de los servicios mensuales, es hora de decidir su fecha de lanzamiento. Esperamos que sea la misma fecha que usted escribiera antes en este capítulo. O tal vez ahora sienta la necesidad de hacer un pequeño cambio. De cualquier manera, abra su agenda, arrodíllese, y pídale a Dios que le confirme la fecha de comienzo de sus servicios semanales. ¡Hágalo ahora!

Una vez que ha buscado la dirección del Señor, analice con detenimiento la información que hemos descrito anteriormente y confirme su fecha de lanzamiento, no la vuelva a cambiar. No permita que alguien o algo lo convenzan de cambiar esa fecha. Podemos garantizarle esto: las tentaciones vendrán. El enemigo atacará. Los planes mejores intencionados saldrán torcidos. Tendrá cientos de excusas para cambiar esa fecha, ¡pero *cíñase a ella*! Dios le ha dado una visión, y ahora le ha proporcionado una fecha de lanzamiento para que esa visión se haga realidad. ¡Mantenga el rumbo!

Luego de que haya fijado su fecha de lanzamiento, puede comenzar a despertar el entusiasmo para su lanzamiento, programar sus servicios preliminares y encontrar un sitio de reunión.

Ubicación, ubicación, ubicación

Deje que su grupo demográfico objetivo sea el factor más decisivo a la hora de definir una ubicación. Con su grupo objetivo en mente, comience a hacer una lista de todo sitio de reunión posible y la cantidad de asientos de cada uno. El grupo objetivo de *The Journey* estaba compuesto por profesionales de veinticinco a treinta y cinco años que vivían en Manhattan, así que esta es la lista que elaboramos originalmente:

- Salones de fiestas de hoteles (varios tamaños)
- Cines (varios tamaños)
- Clubes (de aproximadamente ciento cincuenta asientos)
- Auditorios de escuelas públicas
- Teatros
- Salas de reuniones disponibles en las iglesias
- Auditorios de universidades
- Salas de conferencias empresariales

A la hora de considerar sus potenciales ubicaciones, estas son cuatro pautas a seguir:

1. Realice una buena comparación del sitio elegido con su audiencia objetivo. (Usted no va a querer que la gente de una comunidad agrícola y rural se congregue en una galería de arte del centro de la ciudad).
2. Asegúrese de que el lugar elegido sea de fácil acceso para su audiencia objetivo. (Usted no va a querer que la gente de negocios de la ciudad tenga que trasladarse a una zona rural o a cualquier otro lugar sin fácil acceso al transporte público).
3. Asegúrese de que el sitio elegido tenga una cantidad de asientos razonables.

4. No firme un contrato de alquiler a largo plazo.

Nunca va a encontrar la ubicación *perfecta*, pero no permita que eso lo detenga. En cambio, enfóquese en encontrar la mejor ubicación posible y entonces haga todo lo que pueda para que sea una gran experiencia para aquellos que asistan. Cuando lanzamos *The Journey*, realizábamos nuestros servicios matinales en un club que olía a humo y nuestros servicios nocturnos en un salón de conferencias que impresionaba por su parecido con una casa funeraria. No era algo perfecto. Mucho antes, también nos habíamos reunido en un antiguo sótano de una iglesia ortodoxa (que uno de los asistentes había descrito como una guarida de drogadictos), en el salón de fiestas de un hotel, en un teatro fuera de Broadway y en el auditorio de una escuela primaria. Escoja la mejor opción disponible, y luego haga su mayor esfuerzo para hacer que ese sea su lugar por el tiempo asignado.

No menosprecie la importancia de la continuidad. De manera ideal, el lugar que elija debería ser lo suficiente versátil como para permitirle llevar a cabo sus reuniones preliminares y, con el tiempo, sus servicios semanales en el mismo sitio. Esto les proporcionará una increíble sensación de continuidad a sus asistentes y les facilitará las cosas para que regresen. Sin embargo, si la continuidad en el lugar no es factible en ese momento, simplemente asegúrese de tener una comunicación sólida y eficaz con aquellos que estén asistiendo cada mes.

A la hora de buscar una ubicación, maneje una lista de lugares que pueden llegar a ser demasiado grandes para sus servicios mensuales o incluso para su lanzamiento, pero que podrían ser perfectos después de seis meses de constante crecimiento. Esté siempre a la búsqueda del siguiente sitio al que planea progresar. Encontrar un lugar a menudo toma semanas (a veces meses), así que nunca es demasiado temprano para comenzar a entablar relación con aquellos que se pueden encargar de encontrar «su próximo sitio».

PROMUEVA SUS SERVICIOS

Ya ha fijado su fecha para los servicios mensuales, la serie de predicaciones y su ubicación. ¡Es hora de comenzar a promover sus servicios! Tenga en cuenta estos cuatro componentes de la promoción: diseño, correo directo, medios de publicidad y entrega directa.

Diseño

Diseñe un material promocional que armonice con su público objetivo. Si está tratando de alcanzar a personas mayores en una comunidad de jubilados, no utilice un tamaño de letra pequeño. Si está tratando de alcanzar a solteros de las zonas urbanas, no utilice colores brillantes y fotos de familias jugando en la playa. Esto podría resultarle obvio, pero muchos fundadores de iglesias han cometido el error de realizar una promoción incompatible… ¡inclusive nosotros!

Este es el mejor consejo que podemos ofrecer en cuanto al diseño de la publicidad. Busque a alguien que sea compatible con su público objetivo para el diseño de su material promocional. A menos que sea un experto en mercadotecnia, ni siquiera trate de hacerlo usted mismo. Su rol debería ser mantener el mensaje promocional en el rumbo perfecto y asegurarse de que coincida con su visión (véase www. churchfromscratch.com para más recursos sobre el diseño de promoción). Con eso en mente, estas son algunas pautas a considerar sobre el diseño:

- Procure que la promoción sea compatible con su ciudad (utilice paisajes de horizontes, praderas, playas… cualquier cosa que caracterice mejor a su ciudad).

- Elija imágenes que sean atractivas para su público objetivo.
- Asegúrese de que el texto constituya menos del 50% de su diseño y punto.
- Deje claro que se trata de una iglesia.
- Manifieste con exactitud lo que quiere que la gente haga («Participe con nosotros el [la fecha]»).
- Coloque su nombre, sitio en la Internet, hora de reunión y ubicación en un lugar prominente.
- Que sea a todo color. ¡Es un poco más caro, pero bien vale la pena!

Una vez que haya diseñado su promoción, necesita ponerla en manos de los potenciales asistentes. Hay tres recursos principales de distribución:

1. Correo directo: bajo riesgo, baja utilidad.
2. Despliegue publicitario/medios de comunicación: mediano riesgo, mediana utilidad.
3. Entrega directa: alto riesgo, alta utilidad.

Correo directo

El correo directo es la manera más eficaz de enviarle su promoción a mucha gente. Es de bajo riesgo porque lo puede hacer usted mismo con poco dinero (el servicio postal repartirá su material promocional por centavos). Sin embargo, el correo directo ofrece solo un índice del 1% de utilidad; lo cual significa que solo una de cien personas que reciban su folleto en realidad asistirá. No obstante, es un buen método.

Hay dos teorías contrapuestas sobre el uso del correo directo. La primera es que usted debería enviar la mayor cantidad de artículos por correo directo a la mayor cantidad de personas, todos de una vez. La segunda es que se logran los mejores resultados cuando se envían varios artículos por correo directo a una cantidad más pequeña de personas en un período de tiempo más extenso, pero concentrado. El área, el público objetivo y el tamaño del presupuesto determinarán el método a utilizar. Para mayor dirección, hable con algunos encargados del correo directo que trabajan con las iglesias y las empresas de correo directo (envíos a domicilios) en su área.

Una nueva tendencia en cuanto al correo directo es la distribución de artículos por correo directo (folletos, tarjetas, etc). a través de distribuidores diferentes al servicio postal. Muchos fundadores de iglesias han encontrado que, por una tarifa razonable, podrían hacer incluir su promoción por correo directo en los periódicos locales que luego son distribuidos. Otros han utilizado un proceso similar, a menudo denominado «casual», por medio de revistas regionales o comunales.

Despliegue publicitario/medios de comunicación

El despliegue publicitario es más costoso que el correo directo, pero ofrece una mayor utilidad y alcanza a una mayor población objetivo. Es de mediano riesgo porque tiene menos control sobre el que recibe la promoción, pero también de mediana utilidad pues usted conoce más acerca de la audiencia objetivo. Los avisos en periódicos y espacios radiales son las dos mejores opciones de despliegue publicitario. Otras fuentes de distribución incluyen las revistas, la televisión por cable, las carteleras, los exhibidores y las revistas divulgativas.

Una de nuestras promociones más eficaces en *The Journey* es por medio de una revista divulgativa para artistas (una parte de nuestro público objetivo). Cada mes, por medio de este despliegue publicitario, atraemos de cinco a diez personas a nuestra iglesia. Otra de nuestras campañas publicitarias más eficaces fue una promoción de dos semanas en una estación de radio popular de nuestra área. Esta estación es una radio-difusora secular destacada de nuestra localidad y a menudo escuchada por nuestro público objetivo. Un día, durante esta promoción, nuestro aviso salió al aire durante el programa de la emisión matinal: *The Howard Stern Show*. Aunque despertamos sorpresa entre la comunidad cristiana, el anuncio fue en extremo eficaz para atraer a nuestro grupo objetivo. Demasiados líderes de iglesias cometen el error de promocionarse en estaciones de radio cristianas o revistas cristianas. Los incrédulos que usted estará tratando de alcanzar no escucharán la radio cristiana ni leerán revistas cristianas.

Para resumir, los mejores cinco medios de publicidad incluyen los siguientes:

1. Periódicos orientados a la actividad
2. Los mejores espectáculos matutinos de la radio (de acuerdo a su grupo objetivo)
3. Radio deportiva o la sección de deportes de los periódicos.
4. Revistas divulgativas locales leídas por su grupo objetivo
5. Publicidad por cable en ESPN, CNN, FNC y otras

Entrega directa

La entrega directa es la opción de alto riesgo y alto beneficio en la publicidad. La entrega directa incluye todo, desde una invitación personal hasta la evangelización o cualquier otro tipo de promoción de la iglesia que se realice cara a cara. Es de alto riesgo porque requiere un contacto de persona a persona. Si usted está tratando de realizar miles de contactos directos, requerirá la participación de mucha gente. No obstante, también es de alto beneficio, pues una invitación personal, entregada por una persona en directo, es la manera más eficaz de inducir a alguien a asistir a la iglesia. He aquí tres maneras de usar la entrega directa para un máximo beneficio:

1. *¡Invite a todo el que se encuentre!* Usted es el mejor evangelista de su nueva iglesia. Siempre tenga un puñado de tarjetas u otro material promocional a mano para entregarles a las personas con las que se encuentre. Con una sonrisa en su rostro y la expectativa de un encuentro positivo, hable con cualquier persona y siempre tenga algo sobre la iglesia para entregar a mano. ¡Conozco a un plantador de iglesias que no salía de su casa sin ponerse una camiseta que promocionara su nueva iglesia!

2. *Pídale a todo el que conozca —en especial a su equipo de lanzamiento— que promueva su iglesia.* Abastezca a su equipo de lanzamiento con información sobre la iglesia. Enséñenle cómo distribuir de manera eficaz la información impresa y hablar de su nueva iglesia. Hemos visto que la gente se vuelve muy creativa a la hora de hablar de la iglesia. El dueño de una tienda colocó una pila de tarjetas de la iglesia junto a la caja registradora. Un oficinista pegó las tarjetas de la iglesia en la parte trasera de las casillas del baño de su oficina (no estamos recomendando el uso de las casillas de los baños y la cinta adhesiva... ¡solo estamos comentando algunas formas de promoción!)

3. *Únase a los equipos de misiones y otras personas de afuera para que le ayuden a correr la voz.* La evangelización a través del servicio es una buena manera de tocar a cientos de personas, o aun a miles, con la información acerca de su nueva iglesia. El simple hecho de colocar un puesto con

un equipo de misiones en una esquina transitada y repartir (servicio) una caja de goma de mascar con una tarjeta anunciando sus próximos servicios (evangelización) produce increíbles resultados. Disponga de equipos para momentos y sitios estratégicos a fin de maximizar la eficacia de su promoción. (Véase más sobre la evangelización a través del servicio en el capítulo 8).

Nosotros hemos estado alcanzando a la gente con estos tres métodos desde que comenzamos los servicios mensuales de *The Journey*. A la hora de hacer correr la voz acerca de su iglesia, el obstáculo por lo general no es un problema de dinero, sino un problema de ideas. Cuando llegue el momento de promocionar su nueva iglesia, sea lo más creativo que pueda y pídale ayuda a tantas personas como sea posible.

PLANIFICACIÓN DE ACTIVIDADES

Una planificación de actividades que atraiga a su población objetivo es, en efecto, la clave para hacer que su iglesia comience a funcionar. En general, hay dos tipos de actividades que se pueden llevar a cabo para alcanzar a la gente: actividades de un solo patrocinador o actividades de varios patrocinadores.

Actividades de un solo patrocinador

Las actividades de un solo patrocinador son aquellas organizadas por usted y solo por usted. Su iglesia escoge el sitio y es responsable del programa. Aunque las actividades de un solo patrocinador por lo general atraen menos gente que una actividad de varios patrocinadores, estas le permiten tener el control completo. Usted puede presentar todo tipo de información sobre su nueva iglesia y le va a resultar fácil reunir la información de contacto de todo el que asista.

Algunos ejemplos de actividades de un solo patrocinador incluyen noches de café, días de picnic en el parque, noches de cine, celebración de días festivos, grupos de juegos y actividades de bienvenida. Los grupos de juegos son actividades únicas y divertidas que tienen el fin de alcanzar a nuevas personas de su comunidad y entablar relaciones dentro de su iglesia. En *The Journey*, llevamos a cabo estas actividades con regularidad, alentando a la gente a divertirse y conocer nuevas personas, y como resultado, a tener más comunión con la iglesia y con Dios. Desde entonces hemos organizado noches de cine, partidos de fútbol americano, de softball, aventuras láser, trabajos artesanales, noches de las madres, juegos de bolos, juegos en el parque, etc., etc.

Dado que los grupos de juegos no son constantes, requieren muy poco compromiso, están disponibles para cualquiera y son perfectos para invitar a los amigos o visitantes primerizos. La clave es que sean atractivos para la gente y permitan una interrelación personal. Además, siempre oramos en nuestros grupos de juegos y los usamos como oportunidades para invitar a la gente a integrarse… ya sea invitándolos a un servicio dominical o animándolos a unirse a un grupo pequeño.

Las actividades de regreso son eventos organizados para invitar a aquellos que asistieron a un servicio a regresar para participar en una actividad amena y basada en la camaradería. Por ejemplo, digamos que sus servicios mensuales son los segundos domingos de cada mes. Tal vez podría pensar en realizar una actividad de regreso el cuarto sábado o domingo de cada mes. En *The Journey*, llevamos a cabo varias noches de cine entre nuestros servicios mensuales. Otras iglesias han organizado noches de café, parrilladas, sábados de picnic en el parque y hasta reuniones en la casa del pastor. Sea creativo. Solo tenga en mente que estas deberían ser actividades de bajo riesgo y altas relaciones.

Las actividades de los días festivos también ofrecen una oportunidad única para que una nueva iglesia haga notar su presencia. Si en el presente no hay ninguna actividad comunitaria relacionada con algún día festivo en su área, tendrá la oportunidad de organizar su propia actividad. Por ejemplo, digamos que usted está comenzando su iglesia en una comunidad que aun no tiene una fiesta anual de búsqueda de huevos de pascua. Usted puede patrocinar la primera. Si lo hace bien, podrá ser el organizador de la búsqueda de huevos de pascua por un buen tiempo. Hemos visto muchas veces cómo una nueva iglesia atrae a miles de personas o más a la primera fiesta de búsqueda de huevos de pascua de una comunidad. Esta es una muy buena manera de darse a conocer a la comunidad y de volver a presentar a su iglesia año tras año. La misma idea podría aplicarse a muchos otros días festivos. ¡Sea creativo!

Actividades de varios patrocinadores

Una actividad de varios patrocinadores con frecuencia es una actividad fija de la comunidad, de la que usted puede elegir ser parte. Por ejemplo, si se entera de que están organizando un festival de música de la comunidad que se llevará a cabo en el centro de su ciudad, podría rentar un puesto de exhibición y ofrecer un servicio que atraiga a su población objetivo. Podría ofrecer:

- Botellas de agua gratis
- Pintura facial de niños gratis
- Un puesto de descanso donde la gente pueda sentarse y descansar

- Puntos de oración

Al mismo tiempo, su equipo de lanzamiento podría ser parte de los voluntarios generales de esta actividad como una manera de conocer a la gente del área. Aunque pueda ser más difícil hablar directamente de su iglesia en una actividad de varios patrocinadores, la cifra total de personas con las que puede hacer contacto hace que sea una actividad donde valga mucho la pena participar.

COMIENZA EL PARTIDO

Su fecha de lanzamiento debería promocionarse en cada uno de sus servicios mensuales, en su sitio en la Internet y en cada conversación que tenga con la gente; por lo tanto, usted tiene que estar seguro de qué denominación le dará. ¿Cómo le llamará a este gran día? Simplemente podría llamarle Día de Lanzamiento, Gran Apertura o Inauguración. Decida cuál le parece mejor y promociónelo al máximo. Si usted promociona a su iglesia con tenacidad y entusiasmo, será más probable que la gente de su incipiente congregación y de la comunidad asista a este servicio más que a cualquier otro.

Suponiendo que le ha ido bien en sus servicios mensuales y que ha aprovechado el tiempo para resolver cualquier problema, el servicio de lanzamiento debería transcurrir sin ningún inconveniente. Sin embargo, siempre debería tener estas cosas en mente al prepararse para el gran día:

- *Procure que su gente se comprometa a invitar a sus amigos*. Pídale a aquellos que han asistido a sus servicios mensuales que se comprometan a traer al menos a un amigo o miembro de la familia al lanzamiento. Un pastor, que realizó un lanzamiento a lo grande, desafió a cada uno de sus asistentes mensuales a traer a diez personas. Hasta pidió que le dieran los nombres de esas diez personas… ¡una idea genial!

- *Realice el lanzamiento con una serie de enseñanzas que se corresponda con la gran necesidad de su público objetivo.* Al comenzar una serie el día de su lanzamiento, está incrementando la probabilidad de que la gente que acuda en un inicio continúe asistiendo.

- *Promocione la semana siguiente y desafíe a la gente a regresar.* Desafíe a la gente el día de su lanzamiento a asistir durante la serie completa. Despierte la expectativa por las semanas que siguen.

- *Desafíe a la gente a comentarles a sus amigos acerca de la iglesia.* Hay mucha expectativa alrededor de su primer servicio semanal. Utilícelo para su beneficio. Recuérdele a la gente que traiga a un amigo la semana siguiente y entréguele material impreso para poder repartirles a los demás.

- *No utilice un predicador o músicos de afuera para el servicio de lanzamiento.* Esto solo despertaría falsas expectativas. Su servicio de lanzamiento deberá reflejar en gran medida lo que serán sus servicios semanales. Resístase a la tentación de pasarse de la raya con su servicio de lanzamiento. A la larga lo perjudicará.

- *Pídales a aquellos que han asistido a los servicios mensuales que colaboren en el lanzamiento.* Sus servicios mensuales pueden proveerle una fuente de potenciales voluntarios, a los que podría pedirles que colaboren el día de lanzamiento. Una petición de colaboración personal produce una atmósfera positiva en la cual abundan las posibilidades de involucrar a la mayor cantidad de personas. Este es un buen momento para aprender y comenzar a implementar una de las mayores técnicas para el crecimiento de la iglesia: delegar, delegar, delegar. No se preocupe tanto por la perfección como por la participación.

- *Recaude la información de contacto de todo el que asista*. No olvide lo básico. Facilite una tarjeta de comunicación para recaudar la información de todo el que asista. No importa qué suceda en el lanzamiento, si consigue la información de contacto, ya tiene una ventaja.

- *Cuente cuántos asistieron y diferéncielos entre los asistentes de la ciudad y los de otras ciudades*. Cuente cuántos asistentes reales tuvo en su primer servicio. Se sentirá tentado a contar todo cuerpo presente. ¡Resístase a esta tentación! En cambio, sea honesto sobre la cantidad de las personas que asistieron que tienen el potencial de convertirse en parte de la iglesia.

- *Sirva un refrigerio*. Esfuércese lo más que pueda. Ofrezca lo máximo. La comida es una herramienta poderosa, a menudo pasada por alto. El refrigerio que usted sirva puede hacer mucho para distinguir a su iglesia como un lugar divertido y acogedor. Una mesa con refrigerios abundantes es una buena manera de mostrar su interés por las personas que asistan. Estos son algunos consejos relacionados con el refrigerio:

Qué hacer	Qué no hacer
Servir pasteles frescos	Servir productos ya vencidos
Ofrecer alimentos dulces, salados y saludables	Ofrecer porciones pequeñas
Ofrecer bebidas de marca	Ofrecer bebidas sin marca
Ofrecer agua	Colocar un letrero que apunte hacia el bebedero
Colocar personas simpáticas para servir	Permitir que su equipo se coma todo
Brindar alimentos para su equipo de colaboradores	Anunciar que solo pueden servirse una porción
Brindar más alimentos de lo necesario	Hacer comentarios cuando alguien se vuelva a servir

- *Prepare el salón de tal modo que parezca lleno.* Se podría escribir todo un libro acerca de cómo preparar un salón (se han escrito muchos, consulte *Event Planning for Dummies* [Planificación de actividades para tontos]). Prepare su salón para la cantidad de personas que realistamente piensa que asistirán y tenga suficiente sillas adicionales a su disposición. También asegúrese de que haya suficiente espacio en los pasillos.

- *Celebre un servicio de una hora.* Esto es 60 minutos. Punto.

- *Recoja una ofrenda.* Recoger una ofrenda no es ofensivo para aquellos que asisten a su primer servicio, en especial si usted lo maneja bien y planea por adelantado lo que va a decir. Tal vez pueda ser algo así: «Ofrendar es una parte importante de la adoración. Queremos invitarlo a participar de la adoración colocando su ofrenda en los alfolíes que van pasando. No obstante, si esta es la primera vez que está con nosotros, por favor no se sienta obligado a ofrendar. Gracias por hacer que el ministerio de esta iglesia siga adelante».

- *Acérquese a tantas personas como sea posible en su lanzamiento.* Asegúrese de estar visible y accesible durante los diez minutos anteriores y posteriores al servicio. No se quede atrás orando con el equipo de adoración antes del servicio ni comience a desarmar los equipos de sonido inmediatamente después de terminar. Los invitados que asistan por primera vez llegarán tarde y se retirarán enseguida. Manténgase a disposición de ellos. (Para más ideas sobre cómo atender a los invitados que asisten por primera vez, véase el «Seminario sobre integración» mencionado en el apéndice C).

- *Prepárese para el domingo después de su lanzamiento.* Una vez que realiza el lanzamiento, no hay vuelta atrás. A muchos fundadores de iglesias les toma por sorpresa que, tan pronto como se termina el lanzamiento, se tienen que comenzar a preparar para el siguiente domingo. Recuerde, el domingo llega en siete días. ¡El gran día puede haber pasado, pero usted tiene que hacerlo todo otra vez para la semana siguiente!

El antiguo mariscal de campo de la NFL, Roger Staubach, dijo una vez: «Los logros espectaculares vienen de una preparación nada espectacular». Esto se aplica a la vida de cada persona, pero quizá en especial al plantador de una iglesia en la cúspide de un lanzamiento. Piense detenida y cuidadosamente en su primer servicio. Hable con otros pastores que hayan realizado el lanzamiento de su iglesia y pídales su opinión sobre lo que ha planeado. Recuerde, este es su momento. Es el primer partido de la temporada más importante de su vida. Asegúrese de estar listo. ¡Un lanzamiento exitoso puede ayudarle a romper desde temprano las barreras del crecimiento y darle el impulso que necesita para alcanzar una expansión extraordinaria!

> **Porque yo sé muy bien los planes que tengo para ustedes —afirma el SEÑOR—, planes de bienestar y no de calamidad, a fin de darles un futuro y una esperanza.**
>
> JEREMÍAS 29:11

Nota

1. Edward Everett Hale, «Affirmation 457», *Singing the Living Tradition* [Cantando la tradición viva], Unitarian Universalist Association, Beacon Press, Boston, MA, 1993, n.p.

Capítulo 7

Cómo reunir a un equipo de lanzamiento

Un antiguo dicho dice una gran verdad: «Usted más Dios equivale a una mayoría». Y la Escritura es clara al respecto: «Todo lo puedo en Cristo que me fortalece» (Filipenses 4:13). Citando estas dos realidades como fundamento, muchos fundadores de iglesias sienten la tentación de pensar que no necesitan un equipo completo que los ayude en el lanzamiento. Ellos piensan que pueden hacerlo todo. Por lo general, esta falsa sensación de confianza no es producto de una fe sólida en los dones que Dios les ha concedido, sino una manera de cubrir sus temores: temor al rechazo... temor de invertir en la gente equivocada... temor a delegar responsabilidades... temor de no saber cómo reunir a un equipo de lanzamiento eficaz.

Nuestro historia es la siguiente. Cuando llegamos a la ciudad de Nueva York para comenzar *The Journey*, no teníamos un equipo de lanzamiento. Ni siquiera conocíamos a alguien en el área de Nueva York. Una posición un tanto intimidante, sí, pero también una que conllevaba muchas ventajas. En nuestra opinión, tener que formar un equipo de lanzamiento desde cero es, a la postre, la situación óptima para un lanzamiento. Sin embargo, aprender a pedirle a la gente que se una a usted es, en efecto, un prerrequisito absoluto para formar un equipo y realizar el lanzamiento de su iglesia.

Comprender el *proceso* del lanzamiento de una iglesia es importante, pero es aun más importante comprender el lado *humano* para un lanzamiento saludable. Debe aprender cómo seleccionar a las personas que Dios pretende que trabajen con usted para que su primer servicio tenga éxito.

Un equipo de lanzamiento comparado a un grupo principal

Equipo de lanzamiento: Un equipo de individuos comprometidos que le asistirán en la preparación y ejecución de un lanzamiento eficaz. Este es un equipo de personas que en el presente viven en el área donde comenzará a congregarse su nueva iglesia, un equipo que usted formará desde cero. El equipo de lanzamiento funciona solo en el primer servicio semanal.

Su equipo de lanzamiento tiene un propósito singular: asistirle en el lanzamiento de la iglesia. Cuando el servicio de lanzamiento culmina, el equipo de disuelve. (Desde luego, es de esperarse que los individuos no se alejen, sino que después de colaborar en la iglesia se conviertan en voluntarios semanales). Usted puede haber escuchado la expresión «grupo principal» aplicada a este equipo inicial, pero entre un equipo de lanzamiento y un grupo principal hay una gran diferencia. Muchas iglesias han saboteado su lanzamiento al considerar a su equipo de lanzamiento como un grupo principal.

La idea básica de un grupo principal es encontrar de doce a veinticinco individuos comprometidos espiritualmente con su comunidad y convencerlos de que le ayuden a comenzar su iglesia. Este equipo luego se reúne en forma privada o semiprivada por un período de tres a seis meses para orar y prepararse para la nueva iglesia. Es innegable que el equipo está trabajando para comenzar la iglesia. Sin embargo, a menudo se confunde el objetivo y el propósito del grupo principal.

Las iglesias que solo usan el proceso del grupo principal tienden a comenzar pequeñas y a continuar así. La razón de esto no tiene nada que ver con la profundidad espiritual, sino más bien con las leyes de la psicología: Los individuos que se reúnen y trabajan cerca uno del otro por más de un par de meses desarrollarán una relación más profunda y trabajarán para proteger esa relación. En resumen, el grupo se abstrae en sí mismo. Esto no es necesariamente malo a menos que esté tratando de lanzar una iglesia, algo que requiere mantener de manera intencional el enfoque en alcanzar a otros.

Equipo de lanzamiento		Grupo principal
Un equipo de duración limitada		Un equipo de duración ilimitada
Se reúne para planificar el lanzamiento		Se reúne para crecer espiritualmente
Involucra a todo el que quiera	vs	Involucra solo a los maduros espiritualmente
Está comprometido en cumplir una tarea		Está comprometido en alentar y apoyar
Se enfoca en aquellos que están fuera de la iglesia		Se enfoca en los que están en el grupo
Termina con un enfoque hacia fuera		Termina con un enfoque hacia dentro

Según nuestra experiencia con los grupos principales, hemos visto a muchos afianzarse en sumo detrimento de la iglesia. Hemos escuchado comentarios de miembros de grupos principales tales como: «Pastor, ¿por qué tenemos que invitar a estas otras personas? Nos va muy bien. ¿Por qué arruinarlo?». Y, «Pastor, ¿cómo va a hacer para atender mi necesidad si comienzan a venir tantos otros?». Es obvio que usted no quiere desarrollar un grupo que esté enfocado en su propio crecimiento en vez de hablarle del amor de Dios a la comunidad a través de su nueva iglesia.

Para asegurar que su equipo de lanzamiento no comience a asumir las características de un grupo principal, tendrá que resistirse a la tentación de pastorear a la gente de su equipo. Esto podría parecer nada lógico para usted, pero debe entender que si pastorea a la gente de su equipo de lanzamiento, será menos probable que alguna vez pastoree a la gente de su futura iglesia. Además, nunca considere a su equipo de lanzamiento como un grupo principal. No lo es. Aunque su equipo pueda reunirse para orar por la futura iglesia e incluso para estudiar la Biblia o ciertos libros de crecimiento espiritual, el enfoque del estudio y la oración nunca debería estar en la gente del grupo, sino en influenciar a quienes compongan la futura iglesia.

Por lo tanto, ahora que ya sabe qué es y qué no es un equipo de lanzamiento… ¡vamos a formarlo! ¿Dónde puede encontrar miembros para el equipo?

CÓMO FORMAR SU EQUIPO DE LANZAMIENTO

El primer paso para formar su equipo de lanzamiento es identificar quién ya está en él. Si está casado, su cónyuge y usted ya conforman dos miembros del equipo. Si tiene un líder de adoración, agréguelo a su cuenta. Si su líder de adoración está casado, agregue a su cónyuge. Ya suman cuatro. Es muy probable que este sea su equipo inicial de lanzamiento. Finalmente su equipo crecerá, pero es importante que comprenda de verdad que en esta etapa *usted es el equipo*. Ya sea que el equipo crezca de modo exponencial o permanezca relativamente pequeño, usted es la base de la unidad que estará trabajando en forma conjunta para cumplir el sueño que Dios le dio de comenzar una iglesia eficaz.

El liderazgo del equipo

Si usted es el pastor líder o fundador, tiene que ocupar la posición de liderazgo en su equipo de lanzamiento. Hemos visto equipos que comenzaron de manera magnífica y cayeron con rapidez debido a la falta de un líder obvio. El liderazgo del equipo podría ser un rol nuevo para usted, pero es uno que aprenderá a abrazar. Trabajando en su persona y descansando en Dios, usted puede desarrollar las cualidades esenciales de un liderazgo eficaz (véase el apéndice C para los recursos sobre el liderazgo).

No se engañe pensando que ser un líder firme debilita el espíritu del trabajo en equipo. Usted puede dirigir a un equipo, hacer que la gente sea responsable, y asegurar que las cosas sean hechas de una manera que fomente el trabajo en equipo y glorifique a Dios. Así que prepárese. Es hora de dar un paso al frente. Todo lo que tiene que cumplirse descansa por completo sobre sus hombros. No evite ser el líder. Aun más importante, no les entregue la visión de su iglesia a los demás.

El consejo más simple e importante que en realidad podemos darle sobre cómo encontrar y dirigir a un equipo es mostrar interés por la gente antes de pedirle su colaboración. Cada persona necesita saber que es importante para usted, y cada individuo quiere ser parte de algo más grande que él mismo. Si puede plantear su visión de una manera que emocione a las personas, ellas querrán formar parte de su equipo. Si estos individuos respetan la manera en que usted se relaciona con ellos y los trata, trabajarán arduamente con usted. Como Jesús enseñó, el líder más grande es el siervo más grande.

¡La manera indicada para convertirse en un líder eficaz es relacionarse con los demás buscando servirles por medio de su posición!

Comience con el fin en mente

Cuando piense en formar su equipo de lanzamiento, pregúntese a sí mismo: *¿Cuántas personas necesito en este equipo para cuando nuestra iglesia comience los servicios semanales?* Trabajar partiendo de su respuesta le ayudará a determinar cómo formar y estructurar su equipo de lanzamiento. Tomemos el siguiente caso práctico como ejemplo.

IGLESIA COMUNITARIA FICTICIA
El caso práctico de la formación de un equipo para pastores principales

Jim es el pastor principal de la Iglesia Comunitaria Ficticia (ICF), una iglesia nueva que tiene cuatro meses desde su lanzamiento en septiembre. En este momento, el equipo de lanzamiento de Jim está compuesto en concreto por cuatro personas (Jim y su esposa, el líder de adoración y su esposa). Jim está seguro de que necesitará contar con cincuenta personas en su equipo para septiembre a fin de realizar un lanzamiento tan grande como sea posible, lo cual, por supuesto, es su prioridad máxima. ¡Dado que ya es mayo, es mejor que empiece a trabajar!

MAYO:
CUATRO MESES PARA EL LANZAMIENTO / DOS SEMANAS PARA EL PRIMER SERVICIO MENSUAL

La primavera está a punto de terminar y faltan dos semanas para el primer servicio mensual de Jim. Su equipo de lanzamiento de cuatro personas tiene un líder definido (él mismo), y está trabajando hacia una fecha de lanzamiento concreta el segundo domingo de septiembre. Sin embargo, en este momento la presión de Jim es el primer servicio mensual.

Para este primer servicio mensual, Jim y los otros tres miembros de su equipo de lanzamiento estarán encargándose de todo: promover la iglesia, buscar y reservar un lugar, planificar el servicio, comprar equipamientos e imprimir programas. Si en el trayecto Jim llega a encontrar a alguien que quiera colaborar con su equipo, mucho mejor; pero en este momento su equipo inicial está asumiendo la responsabilidad de que las cosas salgan bien.

Jim sabe que colocar todo en los hombros de este pequeño equipo de lanzamiento es mucho pedir, pero la única otra solución es posponer el comienzo de la iglesia. Dado que septiembre es la época preferencial para comenzar una iglesia, él sabe que no puede esperar. Jim tiene iglesias que lo patrocinan en el lugar, por lo que sigue adelante y decide llevar a cabo al menos cuatro servicios mensuales para cuando llegue septiembre. (Además quiere tener al menos un servicio mensual antes que comiencen las clases, que es a fines de mayo en la comunidad de la ICF).

Para Jim, tener la responsabilidad total del primer servicio mensual tiene algunas grandes ventajas. Él se está convirtiendo con rapidez en un experto en cuanto al funcionamiento local y en una cara conocida en la ciudad. Está conociendo a impresores, trabajadores postales, gente de mercadotecnia y coordinadores de localización. No solo eso, sino que además está aprendiendo de primera mano qué hace falta exactamente para llevar a cabo un servicio. Por lo tanto, cuando haya establecido un equipo de lanzamiento más grande, podrá entrenarlos desde una posición experimentada.

MAYO:
PRIMER SERVICIO MENSUAL Y LA SEMANA SIGUIENTE

El primer servicio mensual de ICF está por comenzar. Jim y los otros tres miembros del equipo están ocupados con los detalles finales; pero no demasiado ocupados para atender a aquellos que están llegando. La gente en realidad está entrando. ¡Jim está eufórico! El servicio comienza con algunas canciones de adoración. Jim recuerda pedirle a la gente que complete sus tarjetas de comunicación (véase capítulo 8) y todo concluye en alrededor de una hora. Después del servicio, Jim y su equipo hablan con los asistentes, tratando de descubrir a otros interesados en ser futuros miembros del equipo de lanzamiento.

Con el primer servicio detrás de él, Jim piensa en todo lo que hizo mal y lo que hizo bien. Para su sorpresa, asistieron cincuenta y cuatro personas. Como de costumbre, la cuenta no fue tan exacta, así que indicó que fueron cincuenta y uno en el reporte para sus iglesias patrocinadoras. De todos modos, eran más de cincuenta los que habían estado orando. Jim se toma un pequeño tiempo para recuperarse y celebrar lo que Dios ha hecho… y luego regresa al trabajo.

El elemento más importante del primer servicio de Jim no fue la ofrenda, sino las tarjetas de comunicación. Así que él y el equipo de lanzamiento comienzan a revisar las tarjetas y a realizar la labor de seguimiento. Mientras Jim revisa las tarjetas de comunicación y piensa en la gente que conoció, está a la búsqueda de posibles miembros para el equipo de lanzamiento. Esto es lo que Jim está buscando en específico:

- Las personas que mostraron interés en la ICF por sobre el promedio.
- Las personas con sonrisas afectuosas y personalidades agradables.
- Las personas que viven en la comunidad y representan su objetivo demográfico.
- Los nuevos cristianos que se han mudado al área.
- Las personas de sus iglesias patrocinadoras que ahora viven en el área.
- Los estudiantes universitarios.
- Las personas que podrían o no tener una relación con Dios.
- Los miembros descontentos de otras iglesias locales (*¡solo bromeo!*)

Bromas aparte, Jim sabe que debería evitar el reclutamiento de las personas de otras iglesias a toda costa. Él está enfocado en comenzar una iglesia para *incrédulos*. Aunque las personas de otras iglesias locales podrían tomar la decisión de asistir, no son los candidatos preferenciales para su equipo de lanzamiento. Un miembro de su equipo de lanzamiento se sorprendió de que estuvieran interesados en darles la oportunidad de participar a personas que aún no fueran cristianas. Jim explicó que es perfectamente aceptable tener incrédulos sin prejuicios y simpáticos en su equipo de lanzamiento.

Mientras analiza las alrededor de treinta tarjetas que fueron entregadas, encuentra cuatro que parecen ser buenos potenciales. Durante las tres semanas siguientes, realizará una labor de seguimiento con estas cuatro personas y les pedirá su colaboración para el servicio de junio. ¡Si dicen que sí, su equipo de lanzamiento se habrá duplicado! Aunque solo dos digan que sí, habrá aumentado en un 50%.

¿Qué les pedirá Jim a estos miembros potenciales?

- Llegar al próximo servicio mensual más temprano para ayudar con la organización.
- Colaborar en algún sitio durante el próximo servicio mensual (ayudar con el refrigerio, saludar a los que asisten, ayudar en algún aspecto técnico, etc).
- Ayudar de manera voluntaria con otras habilidades o destrezas que podrían ayudar a que la ICF tenga un lanzamiento saludable.
- Dar sugerencias para mejorar la experiencia que han tenido en la ICF.

Jim sabe que Dios está colocando personas a su paso que serán llamadas a integrar su equipo de lanzamiento. Él se resiste al temor que produce pedir, pues entiende que les está dando a estos individuos una oportunidad de invertir en la obra eterna del reino de Dios por medio de la ICF.

Junio:
Tres meses para el lanzamiento / Una semana para el segundo servicio mensual

Dos de las personas que Jim siguió atendiendo dijeron que sí, y el equipo captó a otra persona enviándole un correo electrónico después del último servicio. Gracias a la ayuda de estos tres nuevos miembros del equipo, la planificación del segundo servicio ha sido más fácil que la del primero. Ahora los siete miembros del equipo de Jim están por reunirse en su casa para algunos arreglos de último momento. Todos están orando por una asistencia de setenta y cinco personas al servicio de junio. ¡Jim puede sentir el entusiasmo del equipo!

Junio:

Segundo servicio mensual y la semana siguiente

Jim acaba de finalizar su segundo servicio mensual. Mientras la masa de gente comienza a dispersarse, el equipo de lanzamiento se ocupa de hablar con cada uno de los asistentes. No hubo setenta y cinco personas como Jim había esperado, pero aun así hubo mucha asistencia. Jim alienta al equipo de lanzamiento a ordenar las instalaciones y les recuerda a todos la reunión del próximo domingo en la noche para analizar el servicio. De reojo, Jim nota a una pareja que ha participado del servicio ayudando a su esposa a ordenar. Se dispone a hablar con ellos y de inmediato siente que podrían ser futuros miembros del equipo de lanzamiento.

Pasemos al próximo domingo por la noche. Jim está sentado en su sala de estar con los miembros de su reciente equipo de lanzamiento: los siete de antes y la esposa de la pareja que se quedó hasta tarde para ayudar a ordenar (su esposo está trabajando y puede ser que llegue un poco más tarde). Jim comienza la reunión formulándole al equipo cuatro preguntas importantes:

1. ¿Qué salió bien?
2. ¿Qué salió mal?
3. ¿Qué faltó?
4. ¿Qué fue confuso?

Después de formular las cuatro preguntas, Jim se cruza de brazos y deja que su equipo de lanzamiento responda (es mejor que formule las cuatro preguntas de una vez y deje que la gente responda en orden). Una vez que concluyen la discusión, Jim asigna las tareas para la preparación del servicio de julio y cierra la reunión orando. Luego despide a los cuatro miembros nuevos del equipo de lanzamiento, mientras que los otros tres miembros iniciales se quedan con él… aún hay trabajo por hacer.

Una vez más, Jim y los otros tres examinan las tarjetas de comunicación y planean la labor de seguimiento para los posibles miembros del equipo de lanzamiento. Resultan de pronto con una lista de doce personas, algunas que regresaron para el servicio de junio y otras nuevas. Jim acepta a la mayoría de esos candidatos. Antes de despedirse, se felicitan por las sesenta y seis personas que asistieron a este servicio mensual.

JULIO:
DOS MESES PARA EL LANZAMIENTO / UNA SEMANA PARA EL TERCER SERVICIO MENSUAL

Han sido un par de semanas ocupadas, pero los resultados son increíbles. ¡Jim agregó oficialmente a diez personas al equipo de lanzamiento! Hubo tanto crecimiento que tuvo que trasladar la reunión de equipo de esa noche desde su casa hasta un restaurante cercano.

Cuando Jim entra al restaurante, apenas puede creer lo que ve… el salón está ocupado por quince personas y hay tres más que no pudieron llegar. Una vez que todos comieron, Jim repasa junto a ellos las responsabilidades para el domingo que viene. Una vez más el equipo está orando por una asistencia de setenta y cinco personas al servicio.

A lo largo del resto de la semana, Jim habla con cada uno para asegurarse de que las responsabilidades están siendo cumplidas y todo marcha bien. Algunos de los miembros de su equipo no cumplieron con la tarea asignada, así que él tiene que realizar un trabajo extra el viernes y el sábado para asegurarse de que esas tareas se cumplan. ¡Esta es la vida de un líder!

JULIO:

TERCER SERVICIO MENSUAL Y LA SEMANA SIGUIENTE

Tener dieciocho personas en su equipo de lanzamiento incrementa la confianza de Jim... tanto que incluso anuncia una breve reunión después del servicio para cualquiera que esté interesado en ayudar con el lanzamiento de la iglesia. Para esto dispuso un salón continuo con algunos alimentos, hojas de inscripción y lapiceros. Después del servicio, Jim se dirige al salón continuo y se queda perplejo al ver lo lleno que está... y la gente sigue entrando. Se esfuerza por hablar sobre el próximo lanzamiento, pero francamente, él sabe que no es su mejor presentación... ¡pues esto es más de lo que esperaba! Una vez más, la vida de un líder...

Jim ha decidido realizar una parrillada en su casa en un par de semanas, y anima a todos a inscribirse para asistir. Cuando la gente se retira, el equipo de lanzamiento actual le da a cada persona diez «tarjetas de invitación» anunciando la fecha del próximo servicio mensual y la serie de predicaciones que comenzará el día del lanzamiento. Varias personas se quedan después del servicio para charlar con Jim. Una mujer hasta bromea diciendo que la única razón por la que se inscribió para la parrillada es para ver dónde vive el pastor (aunque esto puede haber sido mitad en broma y mitad en verdad). Cuando la última persona se retira y Jim recoge las hojas de inscripción, escucha que un miembro de su equipo de lanzamiento dice que contó ochenta y tres personas en el servicio.

A la semana siguiente, Jim se reúne con los dieciocho miembros de su equipo de lanzamiento para analizar el servicio de julio y prepararse para la parrillada, el servicio mensual de agosto y el lanzamiento que se avecina con rapidez.

Finales de julio:
Parrillada en casa de Jim

El fuego de la parrilla está encendido y todos parecen estar pasando un buen momento. Jim y su esposa hicieron una apuesta para ver quién puede conocer y recordar a la mayor cantidad de personas, así que él se presenta a diestra y siniestra a las casi treinta personas concentradas en su jardín trasero.

Después que el humo de la cena se disipa, Jim solicita la atención de todos. Entonces aprovecha la oportunidad para hablarles de su llamado (pero no demasiado, no quiere asustarlos) y presenta la visión de la ICF. Él les dice a los asistentes que le gustaría que cada uno formara parte del servicio de agosto y ayudara con el lanzamiento. Identifica dos o tres posibles roles que cada uno pudiera asumir y luego les solicita que indiquen cuál les interesa en las tarjetas de información que están pasando. Pueden inscribirse en el equipo de servicio, o pueden solicitar más información sobre los equipos técnicos y el equipo de adoración.

Cuando todos se retiran, Jim, su esposa, el líder de adoración y su esposa examinan las tarjetas. El líder de adoración toma las tarjetas de las personas que han expresado interés en la música o en ser parte de los equipos técnicos. Jim divide el resto de las tarjetas en partes iguales entre él mismo y los otros dos. A propósito, la esposa de Jim ganó la apuesta... una victoria aplastante.

Agosto:
Cuarto servicio mensual y la semana siguiente

Jim contempla asombrado al equipo de adoración de la ICF. Está bien, no es un equipo completo aún, pero es mucho más grande que el del mes pasado. ¡Y hay muchas personas colaborando que él ni siquiera conoce! (Aparte de ganar la apuesta, parece que la esposa de Jim consiguió que la mayoría de las personas que conoció estuviera de acuerdo en colaborar). Este servicio definitivamente promete ser el mejor hasta el momento.

Durante el servicio, Jim desafía a todos a invitar a diez de sus amigos a asistir con ellos al lanzamiento el próximo mes.

Él hace cuentas en su cabeza. ¡Si hay cien personas en este servicio (lo cual parece), esto podría significar un potencial de mil personas en el lanzamiento! Jim siente que su corazón comienza a acelerarse, y rápidamente continúa con el próximo anuncio: invitar a todos a un picnic en el parque el sábado de la semana anterior al lanzamiento.

Después del servicio, Jim interrumpe los anuncios para felicitar a todos los que han colaborado. Él desafía a todos una vez más a que inviten a sus amigos al lanzamiento del domingo. También los invita a la reunión del equipo de lanzamiento de la próxima semana, ¡la penúltima reunión de esta índole!

La reunión del equipo de lanzamiento posterior al servicio de agosto colocó otra vez a cuarenta personas en el jardín de la casa de Jim. Él repasa con ellos los detalles finales del picnic y habla de los pormenores del lanzamiento el domingo. Cuando la reunión está por concluir, uno de los hombres que Jim había visto bastante reflexivo (pero que nunca antes había hablado) les recuerda a todos cuán importante es la participación de ellos. Él utiliza las palabras «hacer historia» cuando habla del comienzo de la ICF. Aquellas palabras se le quedaron grabadas a Jim.

Después de la reunión, Jim y una media docena de miembros del equipo analizan las ochenta y dos tarjetas del servicio de agosto (que tuvo una asistencia total de ciento veintiún personas), y seleccionan a algunas que podrían ser potenciales futuros miembros del equipo de lanzamiento. Si los cuarenta que asistieron esa noche constituyen un indicio, Jim alcanzaría su meta de cincuenta miembros para el lanzamiento del domingo.

SEPTIEMBRE:

PICNIC EN EL PARQUE / OCHO DÍAS PARA EL LANZAMIENTO

Están apareciendo nubes de tormenta justo antes de comenzar el picnic, pero Jim y su equipo siguen confiando y orando por una firme concurrencia. Pese a la leve llovizna, la gente comienza a aparecer. Por último se desata una lluvia fuerte, pero resulta en una buena tarde, aunque no era lo que Jim había esperado. Sin embargo, Jim sabe que aun cuando las cosas no salen a la perfección, Dios sigue estando en control. Después de superar su leve frustración por el picnic, se prepara para el lanzamiento. ¡Siete días y comienza la cuenta!

SEPTIEMBRE:

UN DÍA PARA EL LANZAMIENTO

En los momentos finales, Jim se entera de que podrá disponer de las instalaciones para el servicio el sábado antes del lanzamiento. Rápidamente, llama a cada uno de los miembros de su equipo de lanzamiento, que ahora cuenta con más de cincuenta personas, y cambia el lugar de reunión del sábado de su casa a la «iglesia». Asisten alrededor de cuarenta y una personas (está bien, exactamente cuarenta y una). Después de la pobre asistencia del picnic de la semana pasada, Jim está un poco obsesionado con la cuenta… tal vez demasiado obsesionado. Habla sobre el servicio del día siguiente y nerviosamente les recuerda a todos la meta que se habían propuesto un mes atrás de tener una asistencia de doscientas cincuenta personas el día del lanzamiento. Después de un poderoso tiempo de oración, varios miembros del equipo se quedan para hacer cualquier cosa que adelante las tareas de organización.

¡DOMINGO DE LANZAMIENTO!

Llegó el día del lanzamiento de la ICF. Aquí es donde termina este caso práctico. En la vida real, hemos visto el caso anterior desarrollarse con una asistencia inicial de cien a trescientas personas. En realidad, algunos de los lanzamientos más grandes en la historia de la fundación de iglesias en los Estados Unidos están sucediendo en este momento. ¡Si usted sigue el proceso de lanzamiento apropiado, su iglesia puede terminar siendo un caso práctico exitoso por sí misma!

LAS TRES MÁXIMAS TENTACIONES DE UN EQUIPO DE LANZAMIENTO

A medida que trabaje en el proceso del lanzamiento, usted enfrentará tres grandes tentaciones. Cada tentación está diseñada en especial para evitar un lanzamiento en su máxima capacidad. Asegúrese de entender la realidad de estas tentaciones para que pueda evitarlas cuando vengan.

Tentación 1: Cambiar la fecha de lanzamiento

Como mencionamos en el capítulo 6, usted podría sentirse tentado a cambiar el momento del lanzamiento cuando las cosas no salen como lo planeado. Cuando el proceso de lanzamiento está desarrollándose mejor de lo esperado, podría ser tentado a adelantar la fecha de lanzamiento. De la misma manera, si su proceso no está trayendo los resultados esperados, podría ser tentado a ajustar la fecha y atrasar su lanzamiento.

No sucumba ante estas tentaciones demasiado comunes. Si escuchó a Dios cuando seleccionó su fecha, mantenga el rumbo. Siempre habrá una razón para cambiar su agenda, pero ninguna razón es lo suficiente buena. Recuerde, Dios es omnisciente. Él conocía cada circunstancia que usted enfrentaría en el camino cuando lo guió a elegir la fecha original del lanzamiento. No deseche la mejor opción de Dios.

Tentación 2: Entregarle a su equipo de lanzamiento demasiado control

Si usted desarrolla el proceso del equipo de lanzamiento de manera adecuada, es probable que atraiga a algunos peces gordos. Cristianos o no, estas personas exitosas podrían ser expertos en su campo: tal vez expertos financieros que quieren intervenir y patrocinar su iglesia, expertos en mercadotecnia que quieren tomar las riendas de ese campo para aliviar algo de su estrés, o incluso estrategas expertos que piensan que pueden brindarle un mejor plan de desarrollo.

No hay nada de malo con tener expertos en su equipo… a menos que usted les entregue demasiado control. Muchos de los fundadores de iglesias piensan que pueden transferirle un área a otra persona y supervisarla de cerca, solo para darse cuenta con el tiempo de que ese traspaso de poder fue un gran error. Usted no puede colocar la visión que Dios le dio en manos de otros, aunque sean expertos en su campo. Sí, sus expertos podrían saber mucho sobre el campo de ellos en particular, pero usted es el experto en su iglesia y en la visión que Dios le dio. Escuche sus consejos y préstele atención a su profundo conocimiento, pero no les entregue el control de lo que Dios dispuso que usted condujera.

Tentación 3: Asociarse a otra iglesia

Esta tentación podría confrontarlo en un par de maneras diferentes. Tal vez una iglesia que lucha se entere de su nueva iglesia y se acerque a usted con un plan brillante que haría de la asociación un beneficio para ambas partes. Tenemos una palabra de consejo para usted: ¡Huya! O tal vez otra iglesia le ofrezca el uso de su edificio. No importa cuán buena parezca la proposición en teoría, no la acepte. Dios tiene algo mejor en reserva para usted y su iglesia.

Ambas expresiones de la tentación 3 acarrean graves complicaciones. Hemos visto más iglesias truncadas en el prelanzamiento por esta tentación que por las otras dos combinadas. Si usted se encuentra enfrentando esta tentación de alguna forma, pregúntese: «Si tuviera cien mil, quinientos mil o un millón de pesos adicionales, ¿habría considerado la posibilidad?» La respuesta siempre es que no. Eso es justo lo que debería decir ante esta tentación.

LANZAMIENTO POR LEGADO

Lo hemos dicho antes: Un lanzamiento saludable es el único indicador importante de la salud de una futura iglesia. Los dos últimos capítulos han brindado un proceso comprobado para un lanzamiento saludable y en grande. Estos son algunos lineamientos finales que le asegurarán un lanzamiento exitoso:

- No realice una clasificación de la membresía hasta después de su lanzamiento.

- Haga todo lo posible para mantener a su equipo de lanzamiento enfocado hacia fuera. Si usted piensa que lo que está haciendo es suficiente, está equivocado.

- El equipo de lanzamiento no es una democracia. No lleve a cabo votaciones. Usted es el líder. Lidere.

- Recuerde que su equipo de lanzamiento es un equipo con un propósito por un tiempo limitado. El mismo termina con la sesión posterior a su lanzamiento. En esa reunión, libere a los miembros del equipo de lanzamiento para que se unan al equipo ministerial de su elección.

- El equipo de lanzamiento lo forzará a aprender cómo dirigir equipos. Atesore esas lecciones. Todo ámbito de la iglesia involucra la dirección de equipos de personas.

- La preparación de un equipo de lanzamiento que maximice su primer servicio es, ante todo, una empresa espiritual. Ore y ayune… bastante.

Esta es una verdad que usted, como fundador de iglesia, tiene que admitir ahora para ahorrarse mucho dolor y frustración en el futuro: Su equipo de lanzamiento no estará con usted durante todo el trayecto. Muchos fundadores de iglesias cometen el error de pensar que la gente de su equipo de lanzamiento (a quienes llegaron a amar) será la misma gente que hará crecer la iglesia a largo plazo. Esto raras veces, por no decir nunca, es el caso.

En *The Journey* tuvimos un equipo de lanzamiento de más de treinta personas. El equipo era fenomenal y nos manteníamos cerca de cada uno de los miembros. ¡Sin embargo, solo tres años más tarde, ni una persona de aquel equipo de lanzamiento seguía en *The Journey*! Algunos de los integrantes de nuestro equipo de lanzamiento eran miembros de otras iglesias, los cuales simplemente estuvieron ayudándonos a arrancar. Algunos se desilusionaron de la iglesia cuando comenzamos a crecer y a alcanzar a nuevas personas. La mayoría de nuestro equipo original simplemente se mudó de la ciudad en los años que siguieron a nuestro lanzamiento.

Aunque es triste ver que la gente se va, esto es parte del proceso de Dios para el crecimiento de su iglesia. Así que espérelo, prepárese para ello y esté agradecido por tener la oportunidad de trabajar con tantas personas diferentes en diferentes momentos de la travesía.

ESTABLEZCA UN CIMIENTO SÓLIDO

¿Ha observado alguna vez a un contratista verter el concreto que luego se convertirá en el cimiento de una casa? Antes de proceder a verter el concreto, ellos preparan el terreno, definen los límites del área a cubrir, y luego se disponen a supervisar la manera en que se vierte el concreto. Entonces, cuando los camiones comienzan a verter, los trabajadores no deben permitir que el concreto se acumule. Ellos están constantemente desparramándolo y agregando agua para evitar que se endurezca demasiado rápido, porque una vez que el concreto se endurece, es prácticamente imposible expandir el cimiento.

El proceso de lanzamiento de una iglesia es similar. La fecha de su lanzamiento y la programación de los servicios mensuales definen los límites. Su equipo de lanzamiento es el concreto derramado que formará el cimiento real. Usted riega y desparrama el concreto haciendo que el equipo de lanzamiento se enfoque hacia fuera mientras todos trabajan en el lanzamiento. Su tarea más importante es asegurarse de que la mezcla no se endurezca hasta que el cimiento sea lo suficiente grande como para edificar su iglesia. Un equipo de lanzamiento fuerte que trabaja para un lanzamiento exitoso es, en efecto, el cimiento para comenzar una iglesia.

> Se parece a un hombre que, al construir una casa, cavó bien hondo y puso el cimiento sobre la roca. De manera que cuando vino una inundación, el torrente azotó aquella casa, pero no pudo ni siquiera hacerla tambalear porque estaba bien construida.
>
> LUCAS 6:48

La implementación

¡Increíble! Usted en realidad sigue leyendo este libro, y nosotros estamos muy cerca del final. ¡Y pensar que nuestra editorial dijo que nadie llegaría a este punto de la lectura! De todos modos, lo mejor aún está por llegar.

En los próximos pocos capítulos vamos a ver qué debería hacer después de su lanzamiento para que su iglesia continúe haciendo lo que usted ha sido llamado a hacer en primer lugar: ganar almas, discipular a los nuevos creyentes y llevarlos a la madurez. En el capítulo final, hablaremos de la inquebrantable convicción que debe tener en cuanto al crecimiento de su iglesia para que pueda derribar las barreras que el enemigo podría colocar en su camino.

Así que prepárese otro café doble con leche descremada y edulcorante y siga leyendo.

Las 10 REACCIONES MÁS INESPERADAS DE AQUELLOS QUE HAN LEÍDO HASTA ESTE PUNTO

1. «Siento que me quedé sin habla al leer este libro».
   PASTOR JOE, NAPERVILLE, ILLINOIS

2. «¡Es mejor que *Una vida con propósito!* Nelson no era tan inteligente cuando trabajaba como pastor en mi equipo ministerial».
   PASTOR RICK WARREN, LAKE FOREST, CALIFORNIA

3. «Si solo lee un libro este año, lea algo de Erwin McManus. Si necesita algo para balancear su mesa de café, use este libro».
   PASTOR TED, CLEVELAND, OHIO

4. «Igual que Andy Stanley sin las inteligentes ideas o la clara presentación».
   PASTOR JOHN, ALPHARETTA, GEORGIA

5. «Esta es una buena guía para plantar tomates o zapallitos. ¿Plantar iglesias? ¡Ni se les ocurra este libro!»
   PASTOR LUIS, HOMESTEAD, FLORIDA

6. «Mis buenos amigos Milton y Derrick escribieron un libro genial. Yo conozco a estos muchachos, y usted debería comprar este libro».
   PASTOR DAN, WICHITA, KANSAS

7. «Este libro le ayudará a desarrollar una buena iglesia como Willow Creek o Saddleback. Solo que con menos gente y mucho menos impacto».
   PASTOR JAKE, SCHAUMBURG, ILLINOIS

8. «Hemos orado durante años para que Dios establezca una buena iglesia en la ciudad de Nueva York. Aún seguimos orando».
   REV. RICHARDS, DENOMINATIONAL MISSION BOARD, HENDERSON, TENNESSEE

9. «Cuando me enteré que Nelson y Kerrick iban a comenzar una iglesia, dije: "¡Fuera de la ciudad!" Lo dije antes y lo digo ahora».
   PASTOR TITUS, NEW YORK, NEW YORK

10. «¿Conocen lo entretenido, emocionante y vanguardista que es Ed Young, Jr.? Bueno, estos muchachos no se le parecen en nada».
    PASTOR RAUL, SEATTLE, WASHINGTON

11. «Lo leí una vez. Lo leí dos veces. Lo leí una tercera vez. Sigo sin tener idea de qué trata».
    PASTOR MITCH, OKLAHOMA CITY, OKLAHOMA

Capítulo 8

Cómo ganar almas

*P*asión. ¿En qué le hace pensar esta palabra? ¿En los sufrimientos y el ministerio de Cristo antes de la crucifixión? ¿O tal vez en una emoción fuerte, como el amor, el gozo o el entusiasmo? ¿No es interesante que ambas respuestas sean definiciones legítimas de la palabra pasión?

Los eruditos han argumentado que se le llama pasión a los sufrimientos de Jesús debido al fuerte compromiso emocional con la copa que había sido puesta delante de él. Ver esta palabra común a través de los lentes de las horas finales de Cristo le otorga un matiz nuevo por completo a su definición para los creyentes, en especial para los fundadores de iglesias. Así como Jesús estaba comprometido de una forma fuerte y emotiva con el cumplimiento de su pasión, usted es llamado a reflejar la misma pasión comenzando su iglesia desde cero. ¿Y cuál es la motivación de su pasión que lo lleva a emprender este viaje? El deseo apasionado de llegar a la gente con la verdad de Dios.

> «La cosecha es abundante, pero son pocos los obreros —les dijo [Jesús] a sus discípulos—. Pídanle, por tanto, al Señor de la cosecha que envíe obreros a su campo» (Mateo 9:37-38).

Todo lo presentado hasta aquí está destinado a ayudarle a ser un obrero eficiente en el campo del Señor y a ganar la mayor cantidad de almas con su nueva iglesia. Su llamado, su estrategia, la recaudación de sus fondos y su proceso de lanzamiento, todo está destinado a ayudarle a recoger la cosecha de nuevos creyentes. Si usted no está apasionado por ganar almas para el reino de Dios, tendría que reevaluar su decisión de fundar una iglesia. La pasión —la de Cristo y la nuestra por la de él— es lo que debe motivarlo a ser un fundador de iglesias llamado en verdad por el Señor.

Pasión y entusiasmo

La pasión por ganar almas produce un entusiasmo divino, y el entusiasmo es un ingrediente esencial para ganar almas. Cuando usted tiene una actitud entusiasta, aquellos que le rodean se vuelven entusiastas. Ellos responden a su energía con gran avidez por escuchar lo que tenga para decir. El Dr. David Schwartz ha estudiado las incidencias del entusiasmo en varios círculos. Él indica:

> Un hombre que carece de entusiasmo nunca lo desarrolla en otra persona. Pero una persona que es entusiasta pronto tiene seguidores entusiastas … El maestro entusiasta nunca tiene que preocuparse por el desinterés de los estudiantes. El ministro activo nunca tiene que inquietarse por una congregación adormecida … Para activar a otros, para que tengan entusiasmo, primero usted tiene que ser entusiasta.[1]

Con la pasión adecuada para ganar almas, ¿cómo podemos nosotros, como fundadores de iglesias, no estar entusiasmados? A nosotros nos corresponde mantener alto el nivel de pasión y entusiasmo hacia aquellos que están fuera de las puertas de nuestra nueva iglesia.

Cuando comenzamos *The Journey*, estábamos apasionados por la cuestión de la evangelización. Incluso hasta hoy pasamos mucho tiempo analizando el asunto. Nuestro llamado es y siempre ha sido ganar almas. Punto. En aquellos primeros días, francamente no teníamos ni idea de lo que podría dar resultado. Nosotros avanzábamos por la fe, la pasión y el entusiasmo. Aunque aún seguimos estudiando sobre la evangelización, con el transcurso del tiempo hemos aprendido algunas cosas que pueden ayudarle a enfocar el entusiasmo por alcanzar a los perdidos hacia una evangelización eficaz.

CÓMO ENCONTRAR LA POBLACIÓN FOCAL

Si le preguntamos: «¿A quiénes está tratando de alcanzar con el evangelio?», probablemente responda: «¡Bueno, a todo el mundo, desde luego!» Aunque es verdad que usted quiere hablarle del evangelio a la mayor cantidad de personas posibles, necesitará tener una imagen definida del grupo demográfico específico que su nueva iglesia quiere alcanzar a fin de ganar la mayor cantidad de almas. Las luces difusas tienen poco impacto, pero las luces enfocadas tienen la capacidad de atravesar el acero. Dedique un tiempo para *enfocarse* a fin de poder llegar a la gente específica que Dios lo ha llamado a alcanzar. Asegúrese de que la población en la que se enfoque sea:

- *Localizable*: No deberían ser difíciles de localizar, sino evidentes a partir de la investigación demográfica.

- *Extrínseca*: No deberían ser el resultado de una mentalidad intrínseca o cómoda.

- *Con base comunitaria*: Deberían ser una parte significativa de su comunidad local.

- *Incrédulos*: Deberían ser un segmento de aquella comunidad aún no alcanzado con el evangelio.

- *Específica:* Usted debería ser capaz de definirle de manera específica su enfoque demográfico a cualquier persona.

Para dirigir la atención a esta población focal, tendrá que formularse las siguientes preguntas.

1. ¿Cuáles son los grupos poblacionales claves que radican en mi área?

Realice una investigación demográfica. No se guíe simplemente por lo que ve. ¿Qué grupo de edad predomina en su área? ¿Predominan los solteros o las familias con hijos? Si ya ha vivido en su área por un tiempo, estará en desventaja cuando tenga que responder a estas preguntas. Se ha comprobado que una vez que alguien vive en una zona por un período de tiempo extenso, ya no ve el lugar como es en verdad. En cambio, solo ve su pequeño rincón y proyecta esa realidad personal a toda la zona.

Al principio, cuando nos mudamos a Manhattan, pensábamos que sería bueno hacer algunas investigaciones entrevistando a varios antiguos residentes para recaudar una información demográfica básica. Les formulamos preguntas como: «¿Quiénes viven en este vecindario?» y «¿Qué tipos de personas han estado aquí por más tiempo?». En respuesta, nos dijeron qué grupo de edad particular se estaban mudando a la ciudad o fuera de la ciudad y qué grupo étnico estaba aumentando o disminuyendo. También nos dieron una que otra información sobre las tendencias básicas que habían observado.

¡En casi cada caso, la información que nos dieron era incorrecta! Los estudios demográficos vigentes mostraron algo diferente por completo a lo que ellos nos habían dicho. Aprendimos de la manera más difícil que la percepción de los residentes no es el mejor indicador de lo que está sucediendo en un área en particular. Así que busque información.

2. ¿Qué grupo de la población no está siendo alcanzado de una forma eficaz?

Esta pregunta es crítica. Una vez que usted sabe cuáles son los grupos de personas que predominan en su área, trate de averiguar qué grupo poblacional no está siendo alcanzado por otras iglesias. Esto puede ser complicado. Tal vez habrá escuchado decir, igual que nosotros, que ningún condado en los Estados Unidos ha sido en verdad alcanzado con el evangelio. Por lo tanto, usted podría argumentar que toda la gente de su área aún no ha sido alcanzada… y es muy probable que esté en lo correcto.

Sin embargo, definitivamente hay grupos que son menos alcanzados que otros. Tal vez la prosperidad del sector de la vivienda atrajo en los últimos tiempos a parejas jóvenes. Quizás un cierto grupo étnico se acaba de mudar al área. Aunque la gente de todo grupo demográfico al final necesita ser alcanzada con el evangelio, usted tendrá más efectividad si logra combinar su nueva iglesia con la tendencia de una población que está en aumento y representa a las personas que de otro modo no estaría siendo alcanzada.

Una de las grandes tendencias demográficas en Manhattan desde 1990 al 2000, la década justo previa a nuestro comienzo de *The Journey*, fue el aburguesamiento de grandes sectores de la ciudad. Algunos han argumentado que el aburguesamiento (el aumento de valor de un área, primitivamente urbana, debido al desarrollo de profesionales pudientes) es malo, mientras que muchos otros han argumentado lo contrario. Bueno o malo, este aburguesamiento estuvo trayendo una inmensa afluencia de jóvenes profesionales a Manhattan. Mientras observábamos la tendencia, nos dimos cuenta de que muy pocas iglesias en Manhattan estaban enfocadas en alcanzar este nuevo grupo demográfico. Muchas tenían programas afianzados que habían sido creados para un grupo demográfico obsoleto y no mostraban ningún deseo de actualizarse. Esta realidad no solo afirmó nuestro llamado a la ciudad, sino que además le proporcionó un enfoque a nuestros esfuerzos por evangelizar.

3. ¿Con qué grupo de la población me identifico más?

De los diversos grupos demográficos de su área, ¿con qué grupo se identifica más? Tenga cuidado aquí. No estamos preguntando a qué grupo quiere alcanzar o con qué grupo siente una conexión especial. Más bien estamos preguntando con qué grupo se *identifica* más. Puede haber una diferencia. Usted se identificará más con personas como usted o con gente similar pero un poco más joven. Podría sentir compasión por un grupo de la población diferente, pero eso no significa que haya sido llamado o equipado para alcanzarlo. Responda a esta pregunta con la sinceridad y la integridad que requiere.

EL PUNTO ÓPTIMO

El punto en el cual estas tres preguntas se interceptan es su punto óptimo. Después de examinar cada una de estas tres preguntas para el caso de *The Journey*, nos dimos cuenta de que nuestro enfoque eran los jóvenes profesionales que se mudan a Manhattan en masa. El grupo demográfico era evidente y una parte de nuestra comunidad que se encontraba en rápido crecimiento; además, no habían sido alcanzados con el evangelio y nosotros nos podíamos identificar con ellos.

Al definir nuestro enfoque, descubrimos un grupo de gente que podíamos alcanzar con eficiencia y entusiasmo. Desde luego, los jóvenes profesionales no eran el único grupo de personas que podía demandar nuestra atención. Naturalmente, hay una gran cantidad de otros grupos de gente no alcanzada con el evangelio en la ciudad de Nueva York. Sin embargo, al interceptar las respuestas a estas tres preguntas, nuestro enfoque fue claro.

¿Qué sucede cuando el punto óptimo parece ser una verdadera sorpresa? Algunas de las conversaciones más difíciles que hemos mantenido con determinados fundadores potenciales de iglesias han tenido lugar cuando el fundador claramente no coincidía con la gente que quería alcanzar. Por eso, cuando las tres preguntas anteriores no se responden con sinceridad, el resultado puede ser decepcionante… hasta desastroso.

En una conferencia, conocí (Nelson) a un hombre muy consagrado que estaba cerca del final de su ministerio. Él me contó con pasión cómo su corazón se dolía por una generación naciente en una zona remota de la ciudad donde vivía. Dado que nadie tenía la iniciativa, estaba pensando en comenzar una iglesia allí. Sin embargo, cuando le formulé las tres preguntas anteriores, comenzó a darse cuenta de que aunque sentía gran compasión por esa generación naciente, no podía identificarse con ellos. Entonces decidió no seguir adelante como pastor principal y orar para que Dios enviara a alguien que pudiera acudir y colaborar con él.

Muy pocos ministros tienen el don de un ministerio intercultural. Si usted no se identifica con la población que se siente llamado a alcanzar, ore para que Dios sea especialmente claro en cuanto al llamado de alcanzar a esa gente. O pídale a Dios que envíe a una persona que se identifique con esa gente, y luego apóyela con todo lo que usted tiene.

EL MOMENTO OPORTUNO ES TODO

Ahora que usted sabe cuál es su enfoque demográfico, ¿cuál es el mejor momento para alcanzarlo? Su entusiasmo apasionado por la evangelización podría hacerle creer que cualquier momento es bueno para alcanzar a las personas con el evangelio. Sin embargo, la gente en verdad está más abierta al evangelio durante tres períodos específicos de la vida: (1) *problemas,* (2) *tensión* y (3) *transición.*

Piense con detenimiento en cuál de estos tres períodos identificará a su grupo demográfico. ¿Qué problemas podría estar experimentado su grupo focal? ¿Qué clases de tensiones son comunes para aquellos que está tratando de alcanzar? ¿Cuándo experimentan una transición, y de qué clase? A modo de ejemplo, he aquí cómo examinamos a nuestro grupo de población a la luz de estos períodos:

Problemas que enfrentan los profesionales jóvenes de Manhattan:
- Pérdida de trabajo
- Enfermedad
- Deuda
- Culpa
- Problemas de parejas

Tensiones que enfrentan los profesionales jóvenes de Manhattan

- Encontrar un trabajo
- Suplir las demandas de su trabajo
- Asuntos de balance trabajo/vida
- Pagar las cuentas
- Soledad/falta de verdaderos amigos
- Distancia de la familia

Transiciones que enfrentan los jóvenes profesionales de Manhattan

- Mudarse de un pequeño pueblo a una gran ciudad
- La transición de ser un estudiante a tener una carrera
- Pasar de depender de mamá y papá a ser independientes
- Vivir solos a vivir con un compañero
- Pasar de la universidad a la ciudad
- De estar soltero a estar casado
- De estar casado a estar soltero

Podríamos seguir adelante y adaptar esta lista para los diferentes segmentos de nuestra población de jóvenes profesionales. Los problemas, las tensiones y transiciones serían diferentes para la gente casada que para los solteros, y diferentes para los profesionales empresariales que para los profesionales artistas. Usted ya tiene una idea. Cuando adapta sus esfuerzos evangelísticos a las circunstancias de la vida que corresponden, será más eficaz en hacer que su grupo focal se muestre dispuesto a escuchar su mensaje.

TÓMELO EN CUENTA

Al aplicar las realidades de su población focal a algunos de los conceptos que hemos discutido (tales como su mercadotecnia, sus servicios mensuales y sus actividades de regreso), está preparando a su iglesia para tener una influencia increíble.

Mercadotecnia

Si su grupo focal es un grupo de gente joven que anda a la última moda, su mercadotecnia debería ser joven y de última moda. Si usted está en una comunidad de jubilados en Florida, su rango de mercadotecnia debería ser más amplio. Algunos cambios ligeros basados en su objetivo pueden llegar a ser de suma importancia. Y recuerde, la mercadotecnia es más que solo un material impreso. Ella incluye su sitio en la Internet y todo lo que sea visible al público.

Al principio, cuando diseñé el sitio en la Internet de *The Journey*, estaba viviendo en el sur de California. Sin ver el peligro por delante, le pedí a un diseñador de California que me ayudara con el sitio inicial. Ahora bien, yo sabía mucho sobre Nueva York, pero ignoraba algunos principios importantes de cómo dirigirnos a nuestra población focal. Por ejemplo, sabía que los jóvenes profesionales en Manhattan por lo general visten colores oscuros y que la mayoría de los sitios de Internet que apuntan a este grupo demográfico utilizan colores oscuros también.

Sin embargo, olvidando todo lo que sabía sobre armonizar con mi grupo objetivo, trabajé con este diseñador californiano para diseñar un brillante y bonito sitio en la Internet lleno de vívidos colores. ¡Mal hecho! El sitio en la Internet era perfecto para los californianos, pero mostraba una incongruencia para la gente de Manhattan. (Si quiere divertirse un poco, use «la máquina del tiempo» en www.archive.org para ver las diversas evoluciones de www.nyjourney.com). Aunque nuestro sitio en la Internet siempre puede mejorar, ahora guarda una mejor relación con nuestra población focal.

Servicios mensuales

Como mencionamos antes, sus servicios mensuales deberían ser adecuados para su grupo focal. Esto incluye el tipo de música que utiliza y el contenido del mensaje que elige. Los estilos musicales dentro de la iglesia han sido un gran motivo de controversia en los últimos años. Nosotros creemos que su música debería ser afín al grupo principal que está tratando de alcanzar.

No obstante, tengo que hacer una confesión. A mí me gusta la música country, pero la música country no está de moda… al menos en la ciudad de Nueva York. La amplia mayoría de las personas de mi población focal preferiría escuchar el chirrido de unas uñas sobre un pizarrón a tener que soportar una canción country hasta el final. Por lo tanto, nunca realizamos una adoración «al estilo country» en *The Journey*, y probablemente nunca lo haremos. Esto simplemente no favorecería la adoración entre nuestro grupo demográfico. No se trata de mis preferencias musicales personales, sino de la gente que estamos tratando de alcanzar.

De la misma manera, debería predicar sobre tópicos relacionados con su población focal. Si está tratando de alcanzar a familias jóvenes, comenzar con una serie sobre la crianza de los hijos el domingo del lanzamiento sería una gran idea. Nosotros hemos descubierto que una serie sobre las relaciones dirigida a su grupo demográfico es probablemente la mejor manera de lanzar una nueva iglesia. Recuerde, usted va a sentirse inclinado a realizar una serie de mensajes ligeramente conectados durante sus servicios mensuales y después a empezar una serie de gran atracción el día de su lanzamiento. Ambas series de mensajes deberían ser atractivas y relacionarse con su población focal.

Actividades de regreso

Ser sensible a su población focal también lo ayudará a planear las actividades de regreso que realiza entre los servicios mensuales. Estas actividades deberían ser actividades típicas y divertidas para su población focal. Si la gente de su área no está acostumbrada a realizar parrilladas en el patio de su casa, tal vez esté por naturaleza más dispuesta a asistir a una cena formal en la casa de alguien o en un restaurante reconocido.

Para mayor impacto, considere combinar las actividades de regreso con otras actividades a las que su población focal ya esté planeando asistir. Como mencionamos antes, al principio planeamos algunas actividades de regreso en una fecha cercana cerca al estreno de ciertas películas. A los neoyorquinos les gusta ir al cine. Dado que de todos modos van a ir, ¿por qué no planear acudir juntos e ir a cenar después?

CUANDO PLANIFIQUE UNA ACTIVIDAD, ¿LA GENTE ASISTIRÁ?

¿Qué pasa si usted planifica una actividad o simplemente un servicio y la gente no asiste? No será el único. Nos ha sucedido a la mayoría de nosotros y probablemente en algún momento también le sucederá a usted. No se desanime. Nadie dijo alguna vez que alcanzar a la gente con el evangelio sería fácil.

Tal vez habrá escuchado el dicho: «La experiencia es la mejor maestra». Bueno, esto es solo una verdad a medias. La experiencia *evaluada* es la mejor maestra. Por lo tanto, si usted se encuentra en esta situación, utilícela como un tiempo de evaluación. Pregúntese: *¿Qué salió bien? ¿Qué salió mal? ¿Qué falta? ¿Qué estuvo confuso?* Ore y pídale a Dios que le enseñe por medio de la experiencia. Reevalúe todo y prepare otro plan. Y lo más importante, inténtelo otra vez. Si Dios lo ha llamado a esta labor, nunca se dé por vencido.

Nuestro primer servicio mensual no fue exactamente un gran éxito. Aunque el salón se veía bastante lleno —contábamos con la asistencia de algunos equipos misioneros de otras iglesias— en realidad eran solo trece los asistentes de Manhattan que tenían el potencial de ser futuros miembros. En cierto sentido, esto nos dio aliento. ¡Al menos alguien había asistido! Por otro lado, nos dimos cuenta de que solo eran trece personas. Mientras evaluábamos, orábamos, evaluábamos más y orábamos más, Dios cambió nuestro desánimo en gratitud. Vimos que necesitábamos enfocarnos en la gente y estar agradecidos por las personas que Dios nos había enviado en vez de gastar energía preocupándonos por aquellas personas evasivas que no quisieron asistir. Una lección dolorosa, pero una lección que nunca hemos olvidado.

Hay otra cosa que debe tener en cuenta. ¿Qué sucede si la gente que usted quiere alcanzar no asiste, pero se presenta otro grupo? Hemos visto a fundadores de iglesias poner mucho esfuerzo en atraer a cierto grupo demográfico solo para darse cuenta de que asistió un grupo totalmente diferente. Por ejemplo, tal vez usted estaba tratando de alcanzar a los profesionales solteros, pero en cambio despertó el interés de una mayor cantidad de parejas recién casadas. Esto podría no ser un problema. En cambio, podría ser una corrección divina de su estrategia. (Usted le dio lugar a Dios para que intervenga en su estrategia, ¿no es cierto?)

Aquí es donde nuestra manera de pensar difiere levemente del punto de vista tradicional sobre el enfoque en el objetivo: si usted apunta a cierta población focal, pero termina alcanzando a una población diferente, simplemente ajústese a esta nueva población. Haga de la gente que está alcanzando su objetivo. Después de todo, mientras esté alcanzando a los incrédulos, ¿importa tanto en realidad la diferencia de edad o el grupo demográfico? Nosotros creemos que Dios está guiándolo a su «punto óptimo» correcto.

Por otro lado, si usted quiere alcanzar a los incrédulos, pero solo los creyentes asisten, en realidad podría tener un problema. Reevalúe la información que comunica para ver si está utilizando demasiado un lenguaje interno. Sería bueno que leyera *Una iglesia con propósito* de Rick Warren, en especial las secciones sobre «Cómo alcanzar a su comunidad con el evangelio» y «Cómo alcanzar a las personas» y analice si está violando algunos de los principios que el autor detalla al referirse al tema de cómo alcanzar a los perdidos.

CINCO IDEAS PARA ALCANZAR A LA GENTE CON EL EVANGELIO

Ahora que usted sabe cuál es su población focal y cómo llegar a esa población de un modo eficaz, vamos a recapitular algunos de los consejos para hacer que esa población asista a sus servicios mensuales y a su lanzamiento.

1. Mercadotecnia directa

Como mencionamos antes, el correo directo es una de las formas más económicas de promocionar una iglesia. La gente está siendo más creativa que nunca con el correo directo. Se emplean diferentes métodos, desde enviar por correo propagandas ultra grandes hasta llevar a cabo el reparto de los artículos por correo a través de medios no tradicionales (como por ejemplo, colocando la propaganda dentro de los periódicos a distribuir o colgándola en las puertas de las casas), y aún hay mucho más para analizar en este campo.

2. Equipos misioneros

Aunque es cierto que los equipos misioneros requieren mucho consumo de energía y una planificación anticipada, siempre hemos descubierto que los resultados bien valen la pena. Los equipos misioneros de sus iglesias patrocinadoras pueden ayudarle con las actividades de regreso, colaborar en sus servicios mensuales y recorrer su comunidad orando. Lo más importante, estos equipos pueden desarrollar una evangelización a través del servicio de mayor alcance.

3. Evangelización a través del servicio

La evangelización a través del servicio es una buena manera de servir a su comunidad y traer personas a su nueva iglesia al mostrar el amor de Dios de una manera práctica. Nosotros recomendamos en especial que cada fundador de iglesias lea los artículos de Steve Sjogren sobre la evangelización a través del servicio. Comience con su libro *Conspiracy of Kindness* [La conspiración de la bondad] y después escoja uno de sus libros más recientes… como por ejemplo el libro sobre fundación de iglesias *Community of Kindness* [La comunidad de la bondad].

En un día caluroso en el parque, ¿qué necesitan los que corren y andan en patines? ¡Botellas de agua, desde luego! Uno de nuestros proyectos de evangelización a través del servicio en *The Journey* consiste en repartir botellas de agua junto con la información de nuestra iglesia. Equipamos a nuestros voluntarios con una caja de agua de una firma local y una pila de tarjetas acerca de *The Journey*, y después los voluntarios se ubican de manera estratégica alrededor del parque.

En la evangelización por medio del servicio el primer objetivo es servir a la gente. Repartimos algo práctico que se pueda apreciar de inmediato. Obviamente, también queremos que lean la tarjeta que lo acompaña, pero nuestro objetivo es servir primero e invitar después. Hemos repetido este ejemplo cientos de veces, y en cada oportunidad vemos el fruto, atrayéndose de esta forma alrededor del 30% de las personas nuevas que asisten a *The Journey*. (Visite www.churchfromscratch.com para ver nuestros diez proyectos de evangelización a través del servicio favoritos y averiguar más sobre cómo hemos aplicado el enfoque de Steve Sjogren. Usted también puede visitar el sitio en la Internet de Steve Sjogren en www.servantevangelism.com).

4. Actividades

Con el correr de los años, *The Journey* ha tenido una relación de amor/odio con las actividades, tanto con aquellas que llevamos a cabo por nuestra cuenta como con las que fueron efectuadas por varios patrocinadores. Hemos realizado actividades que fueron muy exitosas y convocaron toneladas de gente, y también hemos consumido baldes de energía en actividades que fueron un fracaso total. Después de estas últimas siempre terminamos preguntándonos si deberíamos seguir realizando actividades. ¿Nuestra conclusión? Absolutamente. Las actividades siempre nos permitieron convocar de forma personal a una gran cantidad de personas a nuestra iglesia. Y sucederá lo mismo con usted.

5. Gente que invita a gente

Aunque el correo directo, los equipos misioneros, la evangelización a través del servicio y las actividades son totalmente útiles, jamás se enfoque tanto en tales cosas como para excluir la simple evangelización de amigo a amigo. Aunque la invitación personal no convocará masas de gente, es en verdad una de las formas más eficaces de extender el evangelio. La clave es proporcionar maneras simples, no agresivas y pertinentes para que su equipo de lanzamiento y aquellos que ya asisten a su iglesia inviten a sus amigos.

Algunas de las ideas que mejor hemos encontrado incluyen:

- Entregar cien propagandas a cada miembro de su equipo de lanzamiento para que vayan colgándolas en cada puerta de su vecindario antes del próximo servicio mensual.
- Entregar a cada uno diez tarjetas de invitación para repartir antes del próximo servicio mensual o actividad de regreso.
- Desafiar a las personas en los servicios de prelanzamiento a hacer una lista de diez a quince amigos, escribiendo en una hoja los nombres de aquellos que invitarán para el lanzamiento.
- Entrenar a su equipo de lanzamiento para orar por sus amigos e invitarlos a la iglesia.
- Predicar con el ejemplo invitando personalmente a sus amigos a la iglesia.

Desde el comienzo de su nueva iglesia, establezca una cultura enfocada hacia fuera y una evangelización persona a persona. Al hacer esto, creará un fundamento sobre el cual podrá edificar una fuerte comunidad.

CÓMO GANAR ALMAS PARA EL REINO

Usted está comenzando una iglesia porque hay gente que necesita ser alcanzada con el evangelio. Cualquier otra razón carece de valor. Usted recibió la oportunidad y la responsabilidad increíble de hacer que la gente conozca a Jesucristo. Tenga las palabras de Jesús acerca del siervo fiel como inspiración:

Su Señor le respondió: «¡Hiciste bien, siervo bueno y fiel! En lo poco has sido fiel; te pondré a cargo de mucho más. ¡Ven a compartir la felicidad de tu señor!» (Mateo 25:21).

Cuando comience a ganar almas —ya sea una, diez, cien o mil— si es fiel, Dios le enviará más. Si usted siente pasión y persiste en alcanzar a los perdidos, llegará el tiempo en que la cantidad de personas que asista a su servicio de lanzamiento será la cantidad promedio de gente nueva que asiste a su iglesia cualquier domingo. Dios quiere que su reino desborde, y él lo está llamando a usted a que haga su parte para lograr que esto suceda. ¡Invite con entusiasmo a cuanta persona pueda y observe cómo Dios lo bendice con más oportunidades de las que pudo haber imaginado!

Tu alabanza, oh Dios, como tu nombre, llega a los confines de la tierra.

SALMO 48:10

Nota

David Schwartz, *The Magic of Thinking Big* [La magia de pensar a lo grande], Fireside Publishing, New York, 1987, n.p.

Capítulo 9

La implementación de los sistemas

Cuando la persona que está delante de usted en una fila tiene un ataque de tos seca, ¿no está agradecido de que su sistema digestivo funcione bien? Espere, no, ese es el sistema inmunológico ¿verdad? El sistema digestivo no puede cumplir la función del sistema inmunológico, de la misma manera que el sistema endocrino no puede llevar oxígeno a los pulmones. Esto sucede con cualquiera de los sistemas de nuestro cuerpo… cuando uno falla, nos encontramos en un aprieto. Cada sistema tiene una función esencial que cumplir, de una manera específica, para que el resto del cuerpo pueda continuar funcionando adecuadamente.

Así como nuestro cuerpo está integrado por sistemas interdependientes, la iglesia también. Los sistemas que usted implemente desde el principio son el proceso esencial que ayudará a mantener a la iglesia saludable y con la capacidad de desarrollarse. Mientras más saludable sea el sistema, más saludable será la iglesia, y más podrá crecer.

> Pues así como cada uno de nosotros tiene un solo cuerpo con muchos miembros, y no todos estos miembros desempeñan la misma función, también nosotros, siendo muchos, formamos un solo cuerpo en Cristo, y cada miembro está unido a todos los demás (Romanos 12:4-5).

Entonces, ¿qué es exactamente el «sistema de una iglesia»? ¿Cómo funciona? El sistema de una iglesia es simplemente un proceso estratégico que le ahorra estrés, tiempo, energía y dinero. Así como el sistema óseo proporciona la estructura para nuestro cuerpo, el sistema inicial de una iglesia proporciona la estructura para la nueva iglesia. En lo que se refiere a establecer un sistema saludable, usted tiene la ventaja de comenzar la iglesia desde cero... así que puede implementar los sistemas sin estar atado a métodos tradicionales. No obstante, esta oportunidad conlleva una gran responsabilidad. Usted debe ser cuidadoso con los sistemas que establece y cómo y cuándo lo hace, ya que se convertirán en parte del fundamento de su nueva iglesia.

Pasos de bebé

Cuando usted llegó a este mundo llorando, apenas podía hacerle frente a los sistemas esenciales; es decir, a aquellos cruciales para el desarrollo de su cuerpo. Si sus padres hubieran tratado de introducirlo al sistema educacional cuando tenía seis meses, usted no hubiera podido avanzar a través de este proceso. Todavía necesitaba desarrollar lo básico antes de pasar a sistemas más avanzados para su continuo crecimiento. De la misma manera, cuando implemente los sistemas para su nueva iglesia, no trate de establecer todo desde el principio. No se puede hacer todo de una vez. Así como usted tuvo que poner su sistema muscular a prueba gateando antes de poder caminar y luego correr, su iglesia necesita ejercitarse para adquirir fuerza antes de seguir avanzando. En realidad, hay solo un puñado de sistemas que se necesitan implementar durante el primer año de la existencia de una nueva iglesia.

Implemente sus sistemas iniciales de manera adecuada y tendrá una base saludable que le permitirá hacer muchas cosas grandes en el futuro. Trate de hacerlo todo de una vez y terminará raquítico, con una iglesia anémica. Si usted compara los sistemas de su iglesia con los ministerios de su iglesia, notará una similitud. Establezca bien pocos ministerios en el comienzo y podrá agregar muchos ministerios más con el tiempo.

Siempre nos gustó soñar. Cuando comenzamos *The Journey* teníamos grandes sueños de innumerables oportunidades ministeriales. Uno de esos sueños era tener un fuerte ministerio comunitario que alimentara a los pobres, ayudara a los niños en peligro y proporcionara vivienda a la gente sin hogar. Sin embargo, durante nuestro primer año hicimos muy poco en cuanto al ministerio comunitario; apenas uno que otro mensaje ocasional acerca de suplir las necesidades de nuestra ciudad o una actividad simple en la que colaboramos junto a un programa del ministerio comunitario local. ¿Por qué? Entendimos que durante el primer par de años necesitábamos concentrarnos en desarrollar el servicio del domingo y los otros sistemas básicos de la iglesia. Tuvimos que aprender el alfabeto antes de hacer oraciones. Esperamos un año y medio para lanzar nuestro ministerio comunitario, y aun entonces, nos llevó otro año para que ese sistema del ministerio tuviera un desarrollo sostenible.

¡No obstante, valió más que la pena! Ahora tenemos gente que alimenta a los hambrientos, viste a los pobres y suple las necesidades básicas de nuestra ciudad cada semana. Nosotros aprendimos esta verdad en acción: Concéntrese en lo esencial durante el primer año y podrá hacer mucho más en el segundo.

SISTEMAS DEL PRIMER AÑO

Usted debería concentrarse en ocho sistemas durante el primer año de su nueva iglesia:

1. El servicio del domingo

2. Evangelización e integración elemental
3. El sitio en la Internet de la iglesia
4. Bautismo
5. Registro y base de datos
6. Contabilidad básica
7. Estructura corporativa/legal
8. Desarrollo del liderazgo

Todo lo demás puede esperar de ocho a dieciocho meses, dependiendo del desarrollo de las cosas. Sí, *todo* lo demás. Comience con lo esencial.

El servicio del domingo

No tenemos que decirle cuán importante es el servicio del domingo. Esta es la puerta de entrada de su iglesia. En una cierta medida, usted comenzará a desarrollar el sistema del servicio del domingo mucho antes de sus servicios mensuales. Luego, una vez que realice el lanzamiento de su iglesia, el sistema del servicio del domingo debería pasar a ser su enfoque principal. Puede ser brusco tomar conciencia de que está pasando de los servicios mensuales a los servicios semanales. ¡Usted planifica su primer servicio semanal durante meses, y luego, tan pronto como termina, hay otro en seis días! Prepárese para el cambio de ritmo, que no lo tome desprevenido.

Sin un sistema de servicio dominical eficaz en vigencia, es fácil quedarse atrapado en el ajetreo del domingo y estar tan concentrado en la preparación del servicio de cada semana que no le quede energía para nada más. A pesar de todo su enfoque y la dedicación, tiempo y atención, si esto ocurre, la calidad del servicio a la larga comenzará a menguar. Aunque es natural dedicarse por completo al servicio de cada domingo durante los primeros dos a tres meses, este tipo de presión rápidamente se convertirá en el principal drenaje de energía en el ministerio. Un sistema de servicio dominical eficaz debería ahorrarle estrés, tiempo, energía y dinero.

Entonces, ¿cómo se desarrolla un sistema dominical eficaz? Estas son algunas cosas esenciales:

- Si usted está rentando las instalaciones, despliegue un ágil proceso de montaje y desmontaje. Pregúntese de continuo: *¿Cómo podemos hacerlo mejor y en menos tiempo?*
- Realice una lista de todo lo que está haciendo para el domingo, evalúelo y después pregunte: «¿Qué tareas de esta lista podrían realizar los voluntarios?» Ejemplifique bien cada tarea usted mismo y luego delegue.
- Contrate a un empleado de $50 por semana para que le asista con alguno de los preparativos del domingo que consumen más energía y tiempo.
- Abrevie el tiempo de los preparativos del programa de adoración para cada domingo. Para el líder de adoración, esto significa seleccionar las canciones más temprano en la semana. Para el pastor de enseñanza, esto significa tener un bosquejo o una clara dirección sobre el mensaje más temprano en la semana. Al principio, cuando comenzamos, nuestra meta inicial era tener el programa de adoración para el viernes al mediodía. Sin embargo, poco a poco durante el primer año acortamos el plazo final para el jueves y luego para el miércoles.
- Planifique su calendario de predicaciones con anticipación. Si usted sabe hacia dónde va con su enseñanza de la próxima semana o próximo mes, podrá planificarse de una forma mucho más eficaz (véase www.churchfromscratch.com para un recurso gratis que le ayude con esto).

Adopte estas pautas básicas, siéntese con su líder de adoración y sus voluntarios claves y comience a sugerir formas de mejorar cada aspecto de sus preparativos para el domingo. El domingo es el día más importante en la vida de su iglesia, y merece un sistema que maximice su impacto. Al crear un sistema de servicio dominical eficaz, podrá elevar la calidad de cada servicio semanal mientras reduce la cantidad de tiempo que toma lograr esa calidad. Y esta es la receta para una expansión ilimitada del ministerio.

Evangelización e integración elemental

Cuando comience a implementar un sistema de servicio dominical de calidad, estará comenzando a atraer a los incrédulos a su iglesia. Recuerde las palabras de Jesús en Mateo 25:21: «¡Hiciste bien, siervo bueno y fiel! En lo poco has sido fiel; te pondré a cargo de mucho más». Un sistema de evangelización e integración básico es el proceso que le permite ser fiel con una pequeña cantidad para que Dios pueda bendecirlo con más.

Para comenzar a desarrollar la parte de la evangelización de este sistema de doble vía, usted necesitará formularse las siguientes preguntas:

- ¿Cómo considera o expresa una persona la decisión de seguir a Cristo en nuestra iglesia? ¿Marca con una cruz el casillero correspondiente en la tarjeta de comunicación? ¿Se queda a hablar con alguien después del servicio? ¿Cómo podemos hacer para que este proceso sea lo más claro posible?

- ¿Qué le decimos o le damos a la persona que está tomando la decisión de seguir a Cristo por primera vez? ¿Necesitamos tener material impreso para los nuevos creyentes en el servicio del domingo? ¿Vamos a enviarles algo por correo a los nuevos creyentes? ¿Cómo podemos ayudar a esas personas a clarificar su decisión?

- ¿Cómo podemos ayudar a los nuevos creyentes a integrarse a nuestra iglesia? ¿Cómo les ayudamos a conocer a los demás, comenzar a colaborar y empezar a crecer?

Estas preguntas son solo el comienzo de su alcance evangelístico, pero serán útiles a la hora de comenzar a implementar un sistema para cuidar de los nuevos creyentes que Dios le envíe. Tal vez la parte más importante de este sistema es que usted y su equipo oren por esos nuevos creyentes y asuman la responsabilidad personal por su crecimiento.

La evangelización y la integración van mano a mano. En realidad, muchas veces la integración precede a la evangelización, porque los incrédulos a menudo asistirán durante bastante tiempo antes de tomar la decisión de seguir a Cristo. Cuando piense con detenimiento en su proceso de integración básico, pregúntese:

- ¿Cómo sabemos quién es la persona que asiste por primera vez cada domingo? ¿Cómo recogemos su información de contacto?

- ¿Estamos haciendo que nuestro servicio sea fácil para el que asiste por primera vez? ¿Sabe esa persona por dónde entrar, registrar a sus niños, encontrar los baños, etc.?

- ¿Qué labor de seguimiento realizamos con las personas que asisten por primera vez? (Véase el apéndice C para mayor información acerca del «Seminario sobre integración»).

Henry Ford dijo: «Antes que nada, estar preparado es el secreto del éxito». La preparación pavimenta el camino hasta el umbral de su puerta para los que asisten por primera vez. No obstante, si usted no está preparado para atenderlos adecuadamente la primera vez que asisten, podría no volver a verlos. Prepárese. Establezca un sistema que le ayude a invertir en aquellos que Dios le envíe.

El sitio en la Internet de la iglesia

Nosotros vivimos en una sociedad cibernética. Sin Internet, la mayoría de nosotros no sabe cómo encontrar una dirección o buscar un teléfono. Todos nos hemos vuelto dependientes con rapidez. Como resultado, muchos fundadores de iglesias se sienten tentados a exagerar con su sitio en la Internet durante el primer año y gastan enormes cantidades de tiempo y dinero. No es sabio un sistema de este tipo. En lo que se refiere a su sitio en la Internet, menos es más durante la etapa del prelanzamiento y el primer año. Un sitio en la Internet extravagante sumará muy poco al crecimiento de la iglesia (numérica o espiritualmente) durante el primer año.

Lo importante es un contenido mínimo caracterizado por la calidad que invite a su población focal. Incluya solo lo siguiente:

- Dónde se reúne la iglesia
- A qué hora se reúne
- Indicaciones de cómo llegar a la iglesia
- Qué pueden esperar en el servicio
- Algo sobre usted y algún miembro del equipo

- Una breve historia de la iglesia

Cualquier cosa que se agregue es innecesaria, aunque esté comenzando una iglesia en Silicon Valley.* En particular, estas son algunas cosas que no se deberían incluir en el sitio en la Internet:

- Demasiadas fotos del pastor principal
- Demasiadas fotos de la esposa del pastor principal
- Música de cualquier tipo
- Avisos de «en construcción»… solo omita mencionar el sector
- Todo lo que tome demasiado tiempo descargar o requiera una conexión lenta
- Un lenguaje interno que solo los graduados del seminario entienden
- Un boletín electrónico personal
- Algo mal escrito o de baja calidad
- Contenido obsoleto
- Enlaces a sus sitios en la Internet favoritos

Nos asombramos por la cantidad de sitios en la Internet de iglesias que contienen gráficos complejos, códigos complicados y herramientas para una enseñanza bíblica profunda, pero no mencionan el horario de sus servicios ni su ubicación. La página del sitio en la Internet de un plantador de iglesias más visitada es aquella que proporciona información de los servicios y el pastor. Limítese a lo indispensable, y que todo el contenido del sitio sea actualizado.

Simple, informativo y fácil son las claves de este sistema. La gente quiere abrir la página y encontrar la infor-

---

*Valle del Silicio, una zona al sur de San Francisco donde se encuentran muchas compañías de computadoras.

mación que necesita sin complicaciones. No permita que la sencillez sufra en nombre de su visión tecnológica.

Bautismo

El bautismo puede ser una de las celebraciones más emocionantes de una nueva iglesia, pues es cuando en realidad ve los resultados tangibles de todas sus oraciones y esfuerzos. En los primeros cuatro años de *The Journey*, alrededor de trescientas personas dieron el paso de bautizarse. En varias ocasiones hemos tenido cerca de cincuenta personas bautizadas en un solo día. Aunque esos días fueron emocionalmente increíbles, tal vez el bautismo más inolvidable de *The Journey* fue el primero que realizamos.

En agosto del año 2002, veinte personas de *The Journey* atravesaron la playa de *Long Island* para el primer bautismo de la iglesia. ¡Ese día bautizamos a una persona, pero celebramos esa sola vida transformada con toda la emoción que se merecía! Yo (Kerrick) nunca olvidaré levantar a aquel joven (que posteriormente dio su vida para servir en una agencia misionera cristiana) de las frías aguas de la costa y escuchar las ovaciones de celebración y aliento de los miembros de nuestra joven iglesia. ¡Esa era una señal tangible de que Dios estaba trabajando! Aun hoy, vemos aquel bautismo en *Long Island* como uno de los días más importantes de la historia de *The Journey*.

Al comenzar a pensar en el sistema del bautismo, nos gustaría hacerle un desafío: ¡Adopte una postura en contra de los servicios de bautismo aburridos! Los bautismos son celebraciones por la transformación en una vida y necesitan ser maximizados como tales. El primer bautismo en una iglesia puede ser una buena manera de ganar fuerza y celebrar lo que Dios ha hecho hasta ese momento.

No hay ninguna regla inflexible acerca de cuándo hacer el primer bautismo, pero sugerimos que espere al menos hasta que haya comenzado los servicios semanales con regularidad, no durante los servicios mensuales o el domingo del lanzamiento. Algunas iglesias pueden realizar su primer bautismo tres o cuatro meses después de haber comenzado los servicios semanales, otras tienen que esperar un poco más. Por ahora, establezca un par de fechas posibles en su calendario y vea lo que Dios hace. Usted lo sabrá cuando llegue el tiempo indicado. Mientras tanto, pregúntese lo siguiente:

- ¿Cómo podemos estar seguros de que la gente entienda el significado y la importancia del bautismo?

- ¿Cómo podemos planear y promover nuestro primer bautismo de tal modo que estemos seguros de que asista la mayor cantidad de gente?

- ¿Cómo vamos a filmar o fotografiar nuestro primer bautismo? ¿Cómo vamos a dar a conocer el video o las fotos ante toda la iglesia durante las siguientes semanas?

- ¿Cómo podemos hacer para conservar la historia y el testimonio de aquellos que están siendo bautizados? ¿Cómo podemos maximizar esto como una celebración de lo que Dios está haciendo en la familia de nuestra iglesia?

- ¿Cómo podemos simbolizar el suceso para aquellos que están siendo bautizados? ¿Les daremos un certificado? ¿Enmarcaremos sus fotos personales? ¿Fotos en grupo?

- ¿Cómo podemos promover un bautismo futuro durante nuestro primer bautismo? (Muchas personas, después de ver el bautismo, tendrán inquietudes y decidirán dar este paso la próxima vez).

Durante el primer año puede que solo celebre un bautismo. Aun así, cuando esté en el proceso de establecer el sistema del bautismo, piense en cómo será al año siguiente cuando celebre dos o tres bautismos. ¿Cómo va a ser su filosofía de bautismo? ¿Va a realizar bautismos con mayor frecuencia para menos personas o realizará actividades especiales que solo se lleven a cabo una o dos veces al año? No hay una respuesta equivocada. Solo reflexione en oración.

Registro y base de datos

¡Lo trivial es esencial, y cuando usted piensa en esto a la luz de la visión global, puede llegar a ser bastante emocionante! No pierda esa perspectiva, pues en su primer año necesitará desarrollar un sistema de registro y base de datos. Por «registro» simplemente queremos decir llevar un registro de las estadísticas básicas y la información de asistencia de la iglesia.

Muchas iglesias no llevan un buen registro en la primera etapa y más tarde se lamentan. Nosotros hemos pasado por ello y cometimos el error. Tener un registro detallado de la primera etapa de la iglesia no solo le proporcionará información importante para una futura planificación, sino que también servirá como una manera de mirar atrás y celebrar lo que Dios ha hecho. Las estadísticas básicas a registrar incluyen:

- Información de contacto de todo el que asista (nombre, dirección, números telefónicos, dirección de correo electrónico, nombre del cónyuge e hijos).

- Asistencia semanal del domingo desglosada en adultos y niños.
- Cantidad de la ofrenda semanal.
- Cantidad de voluntarios cada domingo.
- Cantidad de voluntarios durante la semana.

Agregue a la lista todo lo que usted quiera, pero esto es lo esencial. Contar con esta información le ayudará a planificar para el futuro y evitará algunas barreras comunes para el crecimiento (véase capítulo 10). Una vez que comience a recoger estos datos, necesitará una simple base de datos para mantener sus registros. No gaste mucho dinero en su primera base de datos. Excel puede servirle por un buen tiempo. Nosotros no compramos un programa oficial de base de datos hasta que superamos las setecientas personas. Implemente el sistema primero y luego compre el software. Si lo hace a la inversa, terminará con un software costoso y sin datos para registrar. Ser práctico con esta información en una base de datos básica le proporcionará una perspectiva más adecuada de su iglesia que la que el software más sofisticado le puede proporcionar.

Estas son algunas lecciones claves que aprendimos sobre la base de datos:

- Incluya a cada una de las personas en la base de datos, aunque su información esté incompleta.

- Solo pregunte los datos que va a utilizar. Algunas iglesias solicitan demasiada información en sus tarjetas de comunicación. Obtenga lo esencial y luego agregue el resto.

- Haga una copia de seguridad de su base de datos cada semana y después de las actualizaciones principales. (¡Nosotros cometimos bastantes errores —y perdimos bastante información— por no cumplir con esta regla!)

- Imprima las copias de seguridad. (Suena a hablar por experiencia ¿verdad?)

- No deje que los datos anden dando vueltas por la oficina. Regístrelos de inmediato.

- Trate toda la información como confidencial y exclusiva.

Contabilidad básica

Además del registro y la base de datos, un sistema de contabilidad básica es esencial para poner en funcionamiento a una iglesia. Dado que la mayoría de los pastores no somos genios de las finanzas, sugerimos que encuentre alguien en el que pueda confiar para que le ayude en este ámbito. Tampoco somos contadores, así que lo que estamos comentando aquí no debe considerarse un reglamento oficial para el manejo de los fondos de una iglesia. Asegúrese de buscar consejo profesional. Para comenzar a pensar con seriedad en un sistema de contabilidad, hay algunos asuntos que debe considerar:

- Recolección, conteo y depósito de las ofrendas
- Confección de los cheques
- Proceso de reembolso
- Salarios/pago de nómina
- Informes regulares

¿Le dijo su madre alguna vez que evitara cualquier apariencia de maldad? Usted tiene que tomar eso en serio y multiplicarlo por cien cuando se trata de recoger y contar la ofrenda y hacer los depósitos. Desde el mismo comienzo, implemente un sólido sistema de contabilidad. Por ejemplo, que dos individuos cuenten la ofrenda y después de contarla la coloquen en un sobre seguro. Que dos personas diferentes estén presentes cuando se abra el sobre, y luego que la vuelvan a contar. Una vez que la ofrenda haya sido preparada para el depósito, que incluso otra persona distinta coloque sus iniciales en la boleta de depósito para asegurar que concuerde con la cifra original. ¡Si sonamos fanáticos, genial! Nunca tendrá que arrepentirse de un sistema extremista de manejo del dinero.

Por otra parte, nosotros, como pastores, nunca tocamos físicamente la ofrenda. Si alguien quiere darnos su ofrenda después del servicio, acompañamos a ese individuo hasta un miembro del equipo o voluntario que pueda asistirlo. En lo que se refiere al manejo de la ofrenda, es bueno que se mantenga al margen de cualquier reproche. De acuerdo, al principio no tendrá otra opción que manejar el dinero usted mismo. Si ese es el caso, asegúrese de tener a una persona de afuera presente a la hora de contar el dinero.

El mismo principio se aplica a la hora de escribir los cheques: es bueno que se mantenga al margen de cualquier reproche. Al principio, puede ser que tenga que escribir o firmar los cheques. No haga ambas cosas. Que una persona haga los cheques y otra los firme. Asegúrese de llevar una doble o triple contabilidad. Esto debe aplicarse en especial para los pedidos de reembolso. Usted nunca debería ser la persona que firme un cheque pagadero a su nombre. Y solo para que quede claro, mantenga su cuenta de cheques personal y su cuenta de cheques de la iglesia separadas. Nunca, nunca, nunca mezcle los fondos.

Los pagos de salario son un asunto contable difícil para una nueva iglesia. ¡Lidiar con los impuestos y con las retenciones puede distraerlo de cosas más importantes! En *The Journey*, siempre le hemos encargado el pago de los salarios a *ADP*,* una compañía de nóminas acreditada. Servicios de nóminas similares existen a lo largo y ancho de todo el país. Déle la bienvenida a su primer departamento de nóminas.

Finalmente, los informes regulares son una parte necesaria de su sistema contable durante el primer año. Usted necesitará dar una explicación precisa y oportuna de cuánto dinero está entrando, de dónde está proviniendo y cómo está siendo gastado. ¡Los bancos no son muy cooperadores con las nuevas iglesias que tienen un saldo en rojo! Establezca informes contables para que siempre sepa cuáles son los fondos disponibles.

La forma en que nosotros como pastores desempeñamos esta actividad es un testimonio para nuestra comunidad. Es inaceptable que una iglesia entregue un cheque sin fondos, deposite tarde una ofrenda o no pague las cuentas a tiempo. Dios nos llamó a un estándar superior en cada ámbito… ¡pero aquellos que están fuera de la iglesia estarán más felices de responsabilizarnos específicamente en este!

Estructura corporativa/legal

Para el gobierno, las iglesias son entidades legales. Como iglesias, podemos calificar para algunos buenos beneficios, como una reducción en el franqueo postal y un estado legal libre de impuestos, pero estos beneficios no llegan sin los

---

*ADP (*Automatic Data Processing*) Procesamiento Automático de Datos, una técnica para el procesado de datos que se ejecuta de forma automática casi sin la participación del hombre (Informática).

debidos trámites y documentaciones legales. Para determinar qué estructura corporativa o legal es la indicada para su iglesia, hable con sus iglesias patrocinadoras o su denominación. Nuestro consejo en este ámbito es doble:

1. Cualquiera sea la estructura corporativa/legal que usted escoja, asegúrese de que sea la mínima estructura requerida. Usted no va a querer obstaculizar el futuro crecimiento de su iglesia con una estructura que le impida ser lo suficiente flexible para crecer con rapidez.

2. Tómese su tiempo con estos asuntos. No actúe apresuradamente. Es muy probable que usted pueda funcionar bajo la cobertura de su iglesia patrocinadora o su denominación por un período de tiempo. Aproveche este período de gracia. ¡La única razón por la que mencionamos este asunto como un sistema del primer año es para poderle advertir de ir despacio!

El desarrollo del liderazgo

¡Ahora que ya hemos tratado algunos de los sistemas más triviales del primer año, vamos a ocuparnos de uno que es más divertido! En un sentido bien real, el futuro crecimiento de su iglesia dependerá de los líderes que usted desarrolle. Durante el primer año, concéntrese en el sistema del desarrollo del liderazgo con relación al personal y los voluntarios.

El personal. Desde el mismo comienzo, debe invertir en el personal a tiempo completo, tiempo parcial y $50 por semana. Reúnase con ellos semanalmente. Pueden considerar la posibilidad de reunirse con regularidad para desayunar, dado que ellos podrían tener otros empleos… o hacer cualquier cosa que les convenga a todos. Durante esta reunión, intercambien opiniones sobre los libros de liderazgo que están leyendo juntos (véase el apéndice C para sugerencias) y cuenten historias acerca de las vidas transformadas para alentarse unos a otros. El desarrollo del liderazgo es en realidad un desafío para su personal a fin de (1) aumentar la efectividad y eficiencia de su trabajo, y (2) encontrar la colaboración de más personas por medio del reclutamiento de voluntarios. Este simple enfoque dual desarrollará el potencial de su personal tanto en el primer año como en los años siguientes.

Voluntarios. Aunque está invirtiendo en el personal, debería invertir también en los voluntarios. La mejor inversión que usted puede hacer en los voluntarios incluye lo siguiente:

- Describir con detalles lo que se espera de la posición de cada voluntario.
- Asegurarse de que los voluntarios entiendan la importancia de lo que están haciendo.
- Ayudarlos con su crecimiento espiritual y su eficiencia en el liderazgo.
- Desafiarlos a reclutar a otros voluntarios.
- Decirles «gracias» con regularidad.

Como parte de este sistema, aparte tiempos definidos a lo largo del primer año para invertir en el personal y los voluntarios de modo regular. Confíe en nosotros… esta es una inversión que cosechará resultados exponenciales.

UN PASO A LA VEZ

Como mencionamos, cualquier otro sistema de la iglesia fuera de estos ocho pueden esperar. Esto incluye la clase de membresía, los grupos pequeños y los demás procesos de desarrollo espiritual. Examinemos por qué este es el caso.

¿Por qué esperar para la clase de membresía?

La mayoría de los fundadores de iglesias llevan a cabo su primera clase de membresía demasiado temprano. Hemos escuchado de algunos pastores que realizan una clase de membresía aun antes de comenzar los servicios semanales. Desde el punto de vista de los sistemas, no hay necesidad de gastar energía realizando clases de membresía hasta que hayan transcurrido al menos seis meses desde que empezó los servicios semanales. Antes de ese momento, todo su enfoque debería estar en los servicios mensuales, el lanzamiento y el sistema del domingo. Desde el punto de vista de los individuos, está cometiendo una enorme injusticia con ellos al pedirle que se hagan miembros tan rápido. Es de mayor beneficio para cada individuo considerar la iglesia por sí mismos después que la misma haya comenzado. De otra manera, estarían haciéndose miembros de algo que existe solo en su imaginación, y eso es peligroso.

Violar la regla de los seis meses va en su propio detrimento. Las iglesias que han llevado a cabo clases de membresía demasiado temprano se dieron cuenta de que aquellos que asisten no solo se desilusionan cuando la iglesia crece, sino que además con frecuencia terminan marchándose cuando la realidad no concuerda con lo que esperaban.

¿Por qué esperar para los grupos pequeños?

A nosotros nos encantan los grupos pequeños. Nos apasionan los grupos pequeños. En realidad, *The Journey* es conocida por su enfoque en los grupos pequeños. Aun así, lo animamos a esperar al menos seis meses antes de comenzar a organizar grupos pequeños en su nueva iglesia. Hasta podría llegar a esperar todo un año.

Nosotros esperamos más de seis meses después del lanzamiento de *The Journey* para comenzar con nuestro sistema de grupos pequeños. ¿Por qué? Bueno, para empezar, al momento de nuestro lanzamiento no conocíamos a las personas lo suficiente bien como para reconocer quiénes serían buenos líderes de grupo. Ni siquiera contábamos con bastantes asistentes para formar bien varios grupos pequeños. Y por si eso no fuera razón suficiente, estábamos tan ocupados con el desarrollo de los sistemas esenciales que no teníamos el tiempo o la energía necesaria para que nuestros pequeños grupos prosperaran.

Es fácil formar grupos pequeños de manera mediocre, y muchas iglesias lo hacen. Usualmente, el sistema de grupos pequeños sufre porque la iglesia está sobrecargada con otras actividades importantes, tales como realizar el servicio del domingo o llevar a cabo la tarea de seguimiento con los nuevos creyentes. En vez de esperar hasta que puedan dar el próximo paso de formar los grupos, demasiadas iglesias deciden anotar al bebé de seis meses en primer grado y ver cómo le va.

La mejor regla general es esperar hasta tener una asistencia regular de más de sesenta y cinco adultos antes de comenzar los grupos pequeños, sin importar por cuánto tiempo han estado reuniéndose (véase el apéndice C para un recurso de audio recomendado sobre los grupos pequeños). En los seis meses entre nuestro lanzamiento y la fecha en que comenzamos los grupos pequeños, iniciamos varios grupos informales y temporales como una manera de desarrollar las relaciones desde el comienzo e identificar a los potenciales líderes para nuestros nuevos grupos. Cuando comenzamos de manera oficial los grupos pequeños, pudimos formar siete grupos saludables y se anotaron ciento diez personas (¡más personas de las que alguna vez habían asistido en un solo domingo de reunión!). Dado que esperamos para comenzar los grupos pequeños, pudimos implementar un sólido sistema que, hasta este día, involucra prácticamente al cien por ciento de nuestra asistencia semanal. Buenas cosas les suceden a los que esperan.

USTED RECIBE LO QUE EL SISTEMA LE DA

Hay un antiguo adagio en cuanto al planeamiento de sistemas (y si acaso usted no lo está, nosotros estamos bastante influenciados por el planeamiento de sistemas) que establece: «El sistema le dará lo que usted ha diseñado que le dé». El sistema nervioso le da la sensación. El sistema educacional le enseña álgebra. Usted no puede recibir de un sistema más de lo que está destinado a darle. Si trata de hacer demasiado a la vez en una nueva iglesia, terminará con un organismo desarticulado, anémico y en conflicto. No obstante, si se concentra en implementar pocos sistemas, pero básicos, y lo hace bien, descubrirá que su iglesia comenzará a crecer y madurar, y pronto estará en condiciones de expandirse. Permitiendo que los sistemas hagan lo que hacen, usted básicamente irá de cero al éxito.

Vale más el fin de algo que su principio. Vale más la paciencia que la arrogancia.

ECLESIASTÉS 7:8

Capítulo 10

Desde cero a la estabilidad y el éxito

¿Alguna vez ha organizado una fiesta detallada? Recuerde la ansiedad y la expectativa que sentía al enviar las invitaciones, preparar su casa para los invitados, colgar los adornos, preparar la mesa con los bocaditos y refrescos... y todo mientras esperaba que alguien fuera a asistir. Los primeros meses de una nueva iglesia se parecen mucho a eso. Esa pregunta que le quema por dentro: «¿Saldrá adelante en realidad esta iglesia?», puede tardar un año más o menos en encontrar respuesta. Sin embargo, a medida que implemente sus sistemas y comience a experimentar algo de crecimiento, a la larga llegará al punto donde se dé cuenta de que su joven iglesia está comenzando a estabilizarse. Una vez que haya atravesado la fase crítica del inicio, se encontrará cara a cara con algo nuevo por completo, un conjunto de asuntos totalmente diferentes que lo mantendrá ocupado. Bienvenido a la fase II de su nueva iglesia.

Muchos fundadores de iglesias cometen el error de disminuir el ritmo al llegar al final de la fase de inicio. Ellos piensan que pueden permitirse detenerse y relajarse un poco. ¡Gran error! Este tiempo de transición es un punto clave en la edificación de la vida de su iglesia. Cuando usted ve que su fase inicial se va estabilizando, ese es el momento de aumentar sus esfuerzos para ganar almas y atravesar con rapidez las barreras del crecimiento que inevitablemente comenzará a enfrentar. Es el momento de usar el impulso del inicio a su favor.

Si usted se detiene en este punto, podría nunca volver a recuperar el entusiasmo y la velocidad que permiten que siga en acción. Ahora está partiendo de cero hacia la estabilidad y un éxito prolongado. Sí, se encuentra otra vez en aguas desconocidas. Acepte ese hecho, recuerde que Dios está en control y prepárese para algunas nuevas aventuras… la primera de las cuales será percatarse de las barreras del crecimiento que toda iglesia enfrenta y abrirse paso a través de ellas.

Cómo traspasar las barreras del crecimiento

Para que su iglesia avance, usted tiene que actuar por adelantado. Le recomendamos que ahora mismo tome la decisión de no permitir que su iglesia se estanque en ningún punto. Aprenda a identificar las barreras del crecimiento de manera temprana para que pueda hacer los ajustes necesarios y le sea posible traspasarlas. Si usted es conciente de la existencia de las barreras del crecimiento y sabe cómo tratar con ellas por adelantado, se estará preparando para triunfar. Si elige actuar a posteriori en vez de actuar por adelantado en este ámbito, estará constantemente enfrentándose a la batalla de la barrera.

La mayoría de las iglesias enfrenta las barreras del crecimiento en cuatro puntos diferentes: Cuando la asistencia alcanza los sesenta y cinco, los ciento veinticinco, los doscientos cincuenta, y por último los quinientos. Esperamos que usted traspase la primera barrera del crecimiento en el lanzamiento y tal vez crezca rápidamente pasando la segunda y la tercera también. No obstante, cuando ve a la distancia que cada barrera se acerca, debe estar seguro de que se está formulando las preguntas correctas para seguir en curso.

En *Una iglesia con propósito*, Rick Warren explica cuáles son las preguntas correctas y las incorrectas que nos debemos formular al lidiar con las barreras del crecimiento:

- **La pregunta incorrecta: ¿Cómo hago para que mi iglesia crezca?**
  Comenzar con esta pregunta puede llevarlo a conclusiones equivocadas y hasta peligrosas. He aquí un consejo que le evitará mucha presión: El punto de todo este esfuerzo no es que *usted* haga crecer su iglesia. Tomará malas decisiones si piensa que el crecimiento depende por completo de lo que usted hace o no hace. Tal patrón de pensamiento a menudo lleva a los pastores a tratar de hacer crecer a sus iglesias a cualquier costo. Si usted se encuentra sucumbiendo ante esta clase de pensamiento, vuelva a examinar sus prioridades. Recuerde por qué se convirtió en un fundador de iglesias.

- **La pregunta correcta: ¿Qué está impidiendo que mi iglesia crezca?**
  Los organismos saludables crecen, y esto incluye a su iglesia. Si usted siente que está empezando a haber una ausencia de progreso, su tarea no es presionar hacia el crecimiento de cualquier manera, sino identificar las barreras que lo están impidiendo y quitarlas del medio.

Una vez que haya respondido estas preguntas, tiene que complementarlas tomando dos decisiones importantes. Primero, *Dios quiere que su iglesia crezca*. Usted tiene que saber más allá de toda duda que es la voluntad de Dios que su iglesia crezca, y por lo tanto que su reino se extienda. Esto podría sonar simple, pero conocemos a una cantidad sorprendente de pastores que no están convencidos de que Dios tenga la intención de que sus iglesias crezcan. En 2 Pedro 3:9 se nos enseña lo siguiente: «El Señor no tarda en cumplir su promesa, según entienden algunos la tardanza. Más bien, él tiene paciencia con ustedes, porque no quiere que nadie perezca sino que todos se arrepientan». ¿Cree usted lo que dice este versículo? Su nueva iglesia es parte del plan redentor que Dios ha instaurado.

Algunos seminarios apoyan una escuela de pensamiento que da a entender justo lo contrario. Cuando su nueva iglesia comience a crecer, usted podría llegar a enfrentar las críticas de sus amigos. (Tome nota, la verdadera fuente de estas críticas a menudo es una envidia levemente oculta). Algunos podrían estar luchando con una teología circunstancial del crecimiento de la iglesia. Esta teología circunstancial deriva en personas dadas de baja en una iglesia nueva. Basado en la verdad de la Escritura y su llamado, determine que la voluntad de Dios es que su iglesia crezca. Tome la decisión. Ajústese a ella. Dios está de su lado. Él quiere que su iglesia crezca para que su familia pueda extenderse. Por eso Dios lo llamó.

La segunda decisión importante que debe tomar es que *usted quiere ver que su iglesia crece.* Tal vez piense que Dios desea que su iglesia crezca, pero en lo profundo usted no está dispuesto a hacer lo que se necesita hacer para asumir el costo y pasar al próximo nivel. ¿Lo agota pensar en la próxima fase, en la próxima barrera? ¡Anímese! Dios no le dará una visión sin proveerle lo que necesita para cumplirla. Si sabe que Dios lo ha llamado a ser un fundador de iglesias, la falta de energía que siente para llevar a su iglesia adelante es parte de la guerra espiritual inevitable que enfrentará.

Dios lo llamó para este tiempo y lugar. No fue para que se rindiera antes de que la obra de Dios estuviera terminada. Nosotros creemos que, dado que este libro está en sus manos, usted es uno de esos pastores que dirán: «¡Lo que sea! Voy a hacer lo que sea dentro de la voluntad de Dios. Estoy dispuesto a trabajar arduamente, pensar con detenimiento, subir la próxima cuesta y traer conmigo a tantas personas como pueda. Dios, sea lo que sea, estoy dispuesto a hacerlo». Una vez más, por eso Dios lo llamó a *usted*.

Cuando se hace la pregunta correcta y sabe en su interior que tanto usted como Dios quieren que su iglesia crezca para la gloria de Dios, nada puede detenerlo. Sin embargo, las barreras del crecimiento harán sus mejores esfuerzos para impedirlo. Estas son las tres principales barreras que toda iglesia creciente enfrentará una y otra vez.

Barrera del crecimiento 1: El espacio

¿Por qué las cosas más obvias a veces son las que más se pasan por alto? Definitivamente, este es el caso en cuanto a la barrera número uno que enfrentan las iglesias crecientes: la barrera del espacio. Tal vez es que a nosotros, como pastores, no nos gusta pensar en ello. «Que entren como sea», decimos.

Sin embargo, hay una verdad en cuanto al espacio: Cuando un salón de adultos alcanza el 70% de su máxima capacidad de personas sentadas, la habitación en efecto está llena. Punto. Es hora de incorporar asientos adicionales o encontrar un espacio más grande. Aquí es donde tener una base de datos certera sobre la asistencia le ayudará en gran manera. Si usted no sabe cuántas personas hay en su salón, no sabrá cuándo tomar medidas.

La mayoría de los líderes de iglesias están tan contentos de tener un salón lleno que no se dan cuenta de qué manera esta barrera está estorbando su crecimiento. Recuerde, las únicas personas a las que les gustan los salones llenos son los predicadores y los líderes de adoración. Si usted ignora esta barrera, su iglesia dejará de crecer. Tener una información certera sobre la asistencia le permitirá mantenerse siempre delante de esta barrera y guiar a su iglesia hacia un continuo crecimiento.

He aquí un ejercicio de cuatro pasos que usted debería hacer con frecuencia para que su iglesia crezca.

Paso 1: Determine cuántos asientos tiene en su espacio de adoración principal.

Paso 2: Calcule el 70% de esa cantidad.

Paso 3: Determine cuántas personas en promedio asistieron el mes pasado.

Paso 4: ¿Es la cantidad del paso 3 más grande que la cantidad del paso 2?

Si su respuesta al paso 4 es «sí», tiene que incorporar más asientos o encontrar un lugar más grande con rapidez. Su primera y más fácil opción es determinar si puede agregar más sillas en su espacio actual de manera que sea confortable. Si es así, determine cuántas sillas puede agregar y repita el proceso para ver por cuánto tiempo podrá seguir allí.

Lo más difícil, pero tal vez la mejor opción, es encontrar un espacio más grande. Si usted siguió nuestro consejo anterior y guardó un registro de todos los lugares que visitó cuando buscaba el sitio inicial para el lanzamiento, podrá referirse de nuevo a ellos en su búsqueda. El punto decisivo es que si le falta espacio, es hora de mudarse. La peor decisión que puede tomar es esperar. Use la mudanza como un medio de obtener impulso para el crecimiento de su iglesia.

Nosotros aprendimos la lección de esta barrera del crecimiento de la peor manera. Nuestra primera ubicación en la parte noroeste de Manhattan era en un teatro tipo club llamado *Triad Theater*. Todos los domingos por la mañana, los presentes se sentaban en mesas redondas. Aquella atmósfera era agradable para nuestra gente. A nosotros nos gustaba el *Triad* y no teníamos apuro para mudarnos. Sin embargo, el espacio rápidamente se convirtió en un problema. En cuanto a capacidad de asientos, el *Triad* solo podía albergar a ciento diez personas. Para mediados de octubre del 2002 (apenas siete meses después que realizamos el lanzamiento), estábamos llegando casi a las ochenta personas cada semana. ¡Un domingo hasta llegamos a cien! Pero después bajamos a ochenta y con el tiempo disminuimos a casi setenta.

¿Por qué la cantidad de asistentes decayó y se estabilizó apenas arriba de setenta? Porque de acuerdo a la barrera del espacio, el *Triad Theater*, a todos los efectos, se llenó cuando alcanzamos a promediar las setenta y siete personas. Ese era el 70% de la capacidad. Cuando llegamos a más de ochenta, la gente consciente e inconscientemente dejó de invitar a sus amigos porque no había más espacio. Algunos asistentes regulares hasta dejaron de asistir porque era difícil encontrar asiento. Al final caímos en cuenta y nos mudamos a un teatro fuera de Broadway de casi tres veces el tamaño del *Triad*. Cuando lo hicimos, nuestra iglesia comenzó a crecer con rapidez otra vez. ¡Imagínese eso! Todavía seguimos lamentando los cinco meses que estuvimos estancados por permanecer demasiado tiempo en el *Triad Theater*.

Otra opción que tendría que considerar al enfrentar esta barrera es agregar un segundo servicio. Realizar varios servicios es una gran herramienta y le ofrece a la gente varias opciones; sin embargo, puede resultar en su detrimento si la iglesia no alcanzó cierto tamaño. A menos que usted esté llenando un espacio que albergue a trescientas personas o más, le recomendamos que se mude a un lugar más grande antes de añadir servicios adicionales. Las iglesias que adicionan servicios cuando están en espacios muy pequeños a menudo pierden ímpetu porque han logrado de una manera efectiva que sus reuniones se sientan demasiado pequeñas. (Cuando llegue al punto de necesitar servicios adicionales, visite nuestro sitio en la Internet en www.churchfromscratch.com para encontrar algunos recursos de utilidad).

Usted enfrentará la barrera del crecimiento en cada etapa del desarrollo de su iglesia, pero en especial en los comienzos del crecimiento de la misma. Las nuevas iglesias crecen mucho más rápido que la iglesia promedio, motivo por el cual las iglesias nuevas deberían tener cuidado de edificar demasiado pronto. Muchas iglesias compran un edificio o firman un contrato de alquiler solo para descubrir que se quedaron sin espacio al poco tiempo de haberse instalado. Al principio, es mejor permanecer flexibles. Lo último que usted quiere hacer es estar en una posición en la cual Dios no pueda hacer que crezca por no estar logísticamente preparado. ¿Qué pasaría si este domingo asistieran el doble de personas? ¿Estaría listo para recibirlas?

Como nota al margen, los fundadores de iglesias tienen un pequeño truco en lo que respecta a agregar sillas adicionales. A menudo, colocan de manera intencional muy pocas sillas antes del servicio. Entonces, cuando la gente llega, los voluntarios febrilmente colocan sillas extras para que todos tengan un lugar donde sentarse. La idea es que aunque haya poca gente, parezcan más (o al menos más de lo normal) dado que tuvieron que agregar sillas extras. Aunque esta práctica podría ser útil durante los primeros servicios mensuales, recomendamos no llevarla a cabo después del lanzamiento. Una vez que realizó el lanzamiento, usted quiere darles a las personas la impresión de que las está esperando, no de que se sorprende de que hayan asistido.

Barrera del crecimiento 2: El desarrollo propio

La barrera del crecimiento del desarrollo propio sostiene que cuando el liderazgo de una iglesia deja de crecer, la iglesia también deja de hacerlo. Una organización de cualquier tipo no puede crecer más que su líder. En *Las 21 leyes irrefutables del liderazgo*, John Maxwell define este principio como «La ley del tapón»:

> Si el puntaje de su liderazgo es ocho, su efectividad nunca puede ser mayor que siete. Si el puntaje de su liderazgo es solo cuatro, su efectividad no será más alta que tres. Su capacidad de liderazgo —para mejor o para peor— siempre determina su efectividad y el impacto potencial de su organización.[1]

Como nos dijo un pastor principal hace poco: «He notado que cuando yo crezco, la iglesia crece». Esta simple declaración está llena de un profundo conocimiento. De forma inconsciente, él estaba hablando de su propio desarrollo, que puede ser definido como capacidad de liderazgo más madurez espiritual. Cuando un pastor principal no crece:

- La iglesia deja de crecer.
- Los sermones se vuelven aburridos.
- El personal y los voluntarios dejan de crecer.
- La pasión por el ministerio se apaga.

Puede ser que usted conozca *Los 7 hábitos de la gente altamente efectiva*, de Stephen Covey. En este exitoso libro, Covey le pide al lector que considere el siguiente caso hipotético:

> Suponga que usted se topa con un hombre que está trabajando febrilmente talando un árbol en el bosque.
> —¿Qué está haciendo? —le pregunta.
> —¿Acaso no lo ve? —llega la respuesta impaciente—. Estoy talando este árbol.
> —¡Se ve exhausto! —exclama usted—. ¿Cuánto tiempo hace que está trabajando?
> —Más de cinco horas —y continúa diciendo—, ¡estoy hecho polvo! Esto es trabajar duro.
> —Bueno, ¿por qué no se toma un descanso de algunos minutos y afila la sierra? —le pregunta—. Estoy seguro de que va a ir mucho más rápido.
> —No tengo tiempo de afilar la sierra —dice el hombre enfáticamente—. ¡Estoy demasiado ocupado talando![2]

¿Puede usted identificarse con el hombre que está talando el árbol? Nosotros nos identificamos con él, así como la mayoría de los pastores y fundadores de iglesias. Es muy fácil pasar por alto nuestro propio desarrollo mientras tratamos de usar esa misma capacidad para dirigir a los equipos, enseñar a las personas y llevar a una iglesia al éxito. Sin embargo, si no dedicamos el tiempo para afilarnos a nosotros mismos, estaremos funcionando a un nivel de inferior calidad. No seremos tan eficaces como Dios quiere.

Para traspasar esta barrera del crecimiento, usted tiene que preguntarse: *¿Cuál es mi plan deliberado para mi crecimiento personal?* Su propio desarrollo podría adoptar muchas formas, incluyendo la lectura de libros, escuchar cintas de audio o asistir a seminarios y conferencias. Un plan de lectura deliberada es el mejor método para el desarrollo propio. Nosotros hemos descubierto un plan de lectura sumamente útil que se enfoca en tres aspectos claves: teología, historia de la iglesia y filosofía. A este plan le hemos denominado «Triángulo del crecimiento».

TRIÁNGULO DEL CRECIMIENTO

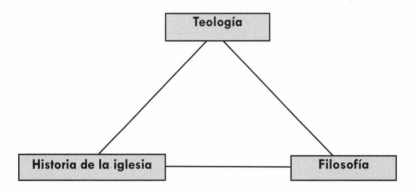

Los libros de teología, historia de la iglesia y filosofía son por lo general considerados clásicos del pensamiento cristiano. La meta con este programa es leer un libro de cada una de estas ramas durante el curso de un año. En conjunción con estos libros influyentes, también debería leer libros cristianos o seculares sobre el liderazgo que resulten exitosos. Recomendamos leer este otro tipo de libros más rápido que los libros de nuestro triángulo de lectura, para que pueda dedicarles la mayor parte de su tiempo de lectura a estos tres tópicos principales. Proyecte un plan de los libros que va a leer en un año y luego *léalos*. No esté demasiado ocupado para afilar su sierra.

Además de implementar un fuerte plan de lectura, usted debería programar el tiempo para asistir a ciertas conferencias claves. Nuestras dos conferencias «imperdibles» de cada año son la «Conferencia *Una iglesia con propósito*» de la iglesia de Saddleback y la «Cumbre sobre liderazgo» de Willow Creek. Además tratamos de asistir a dos o tres conferencias locales más sobre los asuntos específicos de liderazgo que estemos enfrentando. Rick Warren una vez nos dijo que usted aprende a hacer crecer a una iglesia hasta ciento cincuenta personas en el *seminario,* pero debe aprender a hacer crecer a una iglesia más allá de ese tamaño por medio de *seminarios.* Él afirma que cada etapa requiere un conjunto de habilidades diferentes por completo.

Sería bueno que también considerara la posibilidad de conectarse a una iglesia maestra. Esto podría ser tan simple como buscar intensificar la relación con un mentor de confianza, o también podría buscar un instructor a través de alguna red de instructores oficiales. (Para algunos recursos de instrucción gratis y una lista de redes de instructores que recomendamos, visite www.churchfromscratch.com).

Cualquiera sea el plan que deba implementar para su propio desarrollo, solo asegúrese de estar en todo momento en camino a convertirse en el mejor líder que pueda llegar a ser. Si usted no está creciendo como pastor principal, no podrá conducir o pastorear de manera eficiente a los demás. Su oración debería ser que Dios lo moldee cada día como la persona que tiene que ser para conducir a una iglesia del doble de su tamaño actual. El desarrollo personal y profesional no solo es esencial para su propia salud, sino que también es crucial para el crecimiento de su iglesia.

Barrera del crecimiento 3: La evangelización

Una iglesia dejará de crecer cuando se comience a enfocar hacia dentro, cuando el tiempo que antes invertía en la comunidad ahora lo desperdicie en asuntos de mantenimiento interno. Cuando usted nota una disminución en la cantidad de invitados que asisten por primera vez y un incremento en las discusiones acerca de los programas internos, sabe que está enfrentando esta barrera del crecimiento.

La barrera del crecimiento de la evangelización se siente más de lo que se alcanza a medir, pero el siguiente índice puede resultar útil para evaluar su efectividad en la tarea de lograr que asistan nuevos invitados. Las iglesias que crecen saludables tendrán una proporción de cinco a cien invitados por asistentes. En otras palabras, una iglesia enfocada hacia afuera por lo general tendrá cinco nuevos invitados por cada cien asistentes. Si usted tiene un promedio de asistencia de doscientas personas por semana durante el transcurso de un mes, debería tener un promedio de diez nuevos invitados cada semana durante ese mismo período de tiempo. Debemos observar este índice con cuidado, y si vemos que comienza a variar, examinar de inmediato en qué aspecto nos estamos acercando o no a la barrera de la falta de evangelización.

Si esta barrera comienza a bloquear su extensión hacia la comunidad, he aquí algunas maneras de removerla:

- Enseñe sobre la evangelización por medio de las relaciones.
- Dé el ejemplo relatando historias de cómo usted está invitando a la gente a la iglesia.
- Lance una nueva serie con el desafío especial de que la gente invite a sus amigos.
- Realice una caminata de oración o una actividad de evangelización a través del servicio.

- Hable con su personal y los voluntarios sobre la importancia de alcanzar a sus amigos con el evangelio.
- Lea un libro sobre evangelización o crecimiento de la iglesia con su personal.
- Desarrolle materiales de entrenamiento que ayuden a sus miembros a invitar a sus amigos a la iglesia y testificar de su fe.
- Pídale a alguien que haya experimentado un cambio en su vida que cuente su testimonio.

¡Sea creativo y confronte esta barrera de frente! Mantener a su iglesia enfocada hacia afuera es simplemente tan importante ahora como lo fue durante la etapa del prelanzamiento. Asegúrese de estar trabajando de forma constante para expandir el reino de Dios, no edificando el suyo propio.

Barreras espirituales

Las barreras del crecimiento relacionadas con el espacio, el desarrollo propio y la evangelización lo acompañarán en cada etapa del crecimiento de la iglesia. Algunas pueden ser relativamente fáciles de traspasar. Otras necesitarán un poco más de trabajo. No obstante, aunque a menudo hay soluciones técnicas para estas barreras (agregar sillas, leer libros, etc)., debe recordar en todo momento que usted está involucrado en una empresa espiritual. Las barreras que enfrentará son producto de una batalla espiritual que requiere de un poder espiritual. Usted, personalmente, tiene que estar conectado a la fuente de ese poder, o no sobrevivirá. Los consejos y las técnicas actuarán solo como una vendita adhesiva si no permanece en Cristo para crecer por medio de él. Recuerde las palabras de Jesús en Juan 15:5: «Yo soy la vid y ustedes son las ramas. El que permanece en mí, como yo en él, dará mucho fruto; separados de mí no pueden ustedes hacer nada».

Con todo el trabajo que requiere comenzar una nueva iglesia, los nuevos fundadores de iglesias a veces cometen ese error fatal de sustituir su propio crecimiento espiritual por el crecimiento profesional y las actividades del ministerio. Al enemigo le encantaría verlo caer en esa trampa. No estaría solo desenvolviéndose de una forma autosuficiente, sino que además se encontraría desconectado de la fuente que lo colocó en ese camino en un inicio. El fruto que cae de la vid se muere con rapidez. Usted necesita buscar el rostro del Señor a diario a fin de sobrellevar todo lo que enfrente mientras busca cumplir su voluntad.

Cuando se encuentre en medio de su labor diaria del liderazgo de la iglesia, nunca pase por alto las tres herramientas más importantes que tiene para mantenerse en línea con Dios.

1. *La Palabra de Dios.* Aparte un momento en su horario diario para estar a solas con Dios y estudiar su Palabra. La Escritura no solo pone a su disposición la sabiduría de Dios para hacerle frente a las decisiones importantes, sino también hace que el poder de Dios esté disponible para usted al confrontar desafíos importantes. Como dice Hebreos 4:12: «Ciertamente, la palabra de Dios es viva y poderosa, y más cortante que cualquier espada de dos filos. Penetra hasta lo más profundo del alma y del espíritu, hasta la médula de los huesos y juzga los pensamientos y las intenciones del corazón».

2. *La oración.* Efesios 6:18 nos recuerda: «Oren en el Espíritu en todo momento, con peticiones y ruegos». Las oraciones continuas y diarias alinean su voluntad con la voluntad de Dios y sus planes con los planes de Dios. También traen la presencia y

el poder de Dios para tratar con cualquier situación que esté enfrentando.

3. *El ayuno.* Aparte días específicos para ayunar. El ayuno centra su atención en Dios con el propósito de intensificar su relación con él. En *The Journey*, nuestro equipo entero participa de ayunos de todo el día varias veces al año. En el pasado, hemos hecho ayunos de alimentos sólidos por períodos de veinticuatro horas mientras orábamos intensamente para pedir la bendición de Dios sobre importantes actividades a realizar (tales como el domingo de Pascua o el lanzamiento de una nueva serie de enseñanzas) o para enfrentar una decisión importante. (Para mayor información sobre el ayuno con su equipo, diríjase a nuestro CD de audio especificado en el apéndice C: «El ayuno para un gran avance espiritual»).

En una ocasión, nuestra iglesia estaba enfrentando de nuevo la barrera de crecimiento del espacio. Nos habíamos quedado sin espacio, así que no podíamos alcanzar a nuevas personas. Cada posible pista que seguíamos para encontrar una nueva ubicación terminaba siendo un callejón sin salida. Así que como equipo, apartamos varios días para ayunar y orar a fin de buscar la dirección de Dios. Durante lo que hubiera sido nuestro horario de almuerzo, y en cada momento del día en el que sentíamos hambre, orábamos para que Dios nos guiara a un espacio de adoración más grande y que así pudiera seguir expandiendo su iglesia. Dios respondió nuestras oraciones y honró nuestro ayuno de una manera poderosa proveyéndonos un increíble espacio. ¡Ciertas veces hace falta ayunar! Jesús dijo en Marcos 9:29 con relación a expulsar a un espíritu inmundo: «Este género con nada puede salir, sino con oración y ayuno» (RV-60).

COMIENCE OTRAS IGLESIAS

Una de las pasiones motrices detrás del concepto del lanzamiento a lo grande es que permite que una iglesia se reproduzca con más rapidez. Cuando una iglesia sigue siendo pequeña por muchos años o nunca alcanza en realidad un punto de estabilidad, simplemente no es capaz de dar a luz a otras iglesias. Del mismo modo que un niño de diez años no está preparado para ser padre, una iglesia que aún depende del apoyo externo no está preparada para comenzar nuevas iglesias saludables. Sin embargo, una vez que la iglesia se sostiene completamente por medio de sus miembros y asistentes, es hora de considerar la posibilidad de comenzar iglesias adicionales.

Arraigue desde el principio en el ADN de su iglesia el deseo de comenzar nuevas iglesias con el tiempo. Divulgue esa visión. Asegúrese de que sus miembros sepan que su iglesia a la larga comenzará otras iglesias, tanto locales como por el mundo. En su presupuesto posterior al lanzamiento, decida apartar al menos una pequeña cantidad de dinero para ayudar en el comienzo de otras iglesias, aunque sean solo $50 o $100 por mes. Plante semillas. Movilice equipos misioneros desde el principio para ayudar a las iglesias nuevas de su área o participar en viajes misioneros nacionales. Recuérdeles a sus miembros que ustedes son una iglesia nueva (las personas que llegan al año o dos de su lanzamiento podrían no estar al tanto de su historia) y que están comprometidos a ayudar a otras iglesias.

Estas son tres buenas maneras de que su creciente iglesia avance y comience a ayudar a otras iglesias:

1. *Busque a un fundador de iglesias dentro de su iglesia.* Las nuevas iglesias a menudo dan nacimiento a otros fundadores con rapidez. Esté al

acecho de los individuos que podrían tener este deseo y llamado. Ofrézcales los recursos y llévelos a conferencias con usted.

2. *Busque a un fundador de iglesias que se esté mudando a su área.* Si ya hay un fundador de iglesias firme en su región, busque asociarse con él. Si se identifica bien con él, involúcrese como uno de sus patrocinadores financieros.

3. *Averigüe dónde están trabajando sus patrocinadores financieros actuales y únase a ellos.* Las iglesias que le ayudan financieramente podrían estar dedicándose a colaborar con otros proyectos. Si están haciendo algo que enciende su pasión, súmese a ellos.

Busque ardientemente la voluntad de Dios para no caer en la trampa común del pensamiento dualista. Demasiadas iglesias crecientes que consideran la posibilidad de comenzar otras iglesias terminan preguntándose: *¿Es la voluntad de Dios que crezcamos en número nosotros o que plantemos otras iglesias?* Esta no es una proposición de una u otra cosa. Dios puede pretender por completo que haga las dos cosas. Nosotros le denominamos a esto una «visión bifocal»: Mantener un ojo en el crecimiento y en la salud de su iglesia y el otro en fundar otras iglesias.

Como un modelo para comenzar otras iglesias, mire los lineamientos de Hechos 1:8: «Pero cuando venga el Espíritu Santo sobre ustedes, recibirán poder y serán mis testigos tanto en Jerusalén como en toda Judea y Samaria, y hasta los confines de la tierra». Después trace un plan de tres a cinco años para fundar iglesias en cada una de las áreas mencionadas:

Localmente (Jerusalén)

Regionalmente (en toda Judea)

Nacionalmente/ Interculturalmente (en Samaria)

Globalmente (hasta los confines de la tierra)

MANTENGA EL SUEÑO VIVO

Cuando su iglesia pase la etapa inicial, aparte algún tiempo para hacer una actividad que nosotros denominamos «Los cinco años siguientes». Adelante rápidamente su mente cinco años hacia el futuro y pregúntese: *Con la ayuda de Dios, ¿cómo será nuestra iglesia en cinco años?* Tómese tiempo para soñar en lo siguiente:

- ¿Qué pasaría si nuestra asistencia se duplica, se triplica o llega a ser todavía mayor en los próximos años?
- ¿Qué pasaría si nuestra cantidad de donación mensual actual se convierte en nuestra donación semanal?
- ¿Qué pasaría si nuestro presupuesto anual actual se convierte en nuestro presupuesto mensual?
- ¿Qué pasaría si nuestros grupos pequeños fueran de dos a diez veces más grande?
- ¿Qué pasaría si tuviéramos de dos a diez veces más nuevos invitados de los que tenemos ahora?
- ¿Qué pasaría si tuviéramos de dos a diez veces más niños y jóvenes de los que tenemos ahora?
- ¿Qué pasaría si nuestro equipo fuera de dos a tres veces más grande?
- ¿Qué pasaría si Dios interrumpiera estos planes e hiciera más de lo que pudiéramos imaginar?

Nunca deje de soñar los sueños de Dios para su iglesia.

El desafío final

He aquí nuestro desafío final para usted: Sea una iglesia que constantemente dé de sí misma a otras iglesias para el beneficio del reino de Dios. Si su nueva iglesia ha experimentado un crecimiento saludable, sin dudas usted entiende que es evidente que Dios está trabajando y que no hay nada por lo que pueda atribuirse el crédito. Permita que su pasión por glorificar a Dios lo impulse a ser un buen mayordomo de los recursos, las ideas y el dinero que él le ha confiado.

Cuando considere la posibilidad de hacer donaciones, pregúntese: *¿Qué recursos han ayudado a mi iglesia a crecer más?* Tal vez haya libros que pueda recomendarles a otros pastores que están comenzando sus iglesias (¡esperamos que este sea uno de ellos!). Quizás haya conferencias, materiales de entrenamiento, o formularios o documentos internos que podría compartir con otros pastores.

Cuando considere la posibilidad de aportar ideas, pregúntese: *¿Qué cosas de las que he aprendido han impactado más la salud y el crecimiento de mi iglesia?* Las ideas son más valiosas que el dinero. Vuelque sus ideas en papel y hable de ellas con otros pastores en algún almuerzo o en reuniones informales. Las ideas son la moneda del reino de Dios.

Cuando considere la posibilidad de ofrendar dinero, pregúntese: *¿Cómo quisiera Dios que invirtiéramos nuestros recursos financieros para ayudar a otras iglesias?* Podría ser ayudando a comenzar iglesias a nivel local, regional, nacional y global, o podría ser apoyando a su denominación o a un organismo misionero similar. Los adagios se vuelven adagios porque son verdad, y este definitivamente lo es: «¡Usted no puede dar más que Dios!» Dios lo bendecirá en la medida que usted bendice a los demás.

Las iglesias más grandes del mundo aún estar por realizar su lanzamiento. En la próxima década, veremos a las iglesias lanzarse a lo grande, alcanzar a los perdidos, llevar a la gente hacia la madurez en Cristo y comenzar nuevas iglesias con un índice sin precedentes. ¡No hay mejor momento en la historia para comenzar una iglesia desde cero que ahora mismo! Bienvenido a la aventura.

Por tanto, vayan y hagan discípulos de todas las naciones.

MATEO 28:19

Notas:

1. John Maxwell, *Las 21 leyes irrefutables del liderazgo*, Thomas Nelson Publishers, Nashville, TN, 1998, p. 1.
2. Stephen Covey, *Los 7 hábitos de la gente altamente efectiva*, Simon and Schuster, Nueva York, 1989, p. 287.

Esperamos que este libro se convierta en el inicio de una conversación entre usted y nosotros. Estamos constantemente desarrollando recursos y reuniendo ideas para ayudar a las iglesias a alcanzar su máximo potencial redentor, así sean iglesias nuevas por completo o grandes iglesias ya existentes. Para facilitar esta conversación, hemos implementado un sitio en la Internet donde usted encontrará herramientas de utilidad, así como la opción de discutir el libro directamente con nosotros y otros practicantes. Nos encantaría escuchar su historia y ayudarlo a través del proceso de lanzar su iglesia. La dirección del sitio en la Internet es:

www.ChurchFromScratch.com

Sus compañeros en el ministerio,

Nelson y Kerrick

ASISTENCIA MENSUAL PROMEDIO DURANTE LOS DOS PRIMEROS AÑOS DE *THE JOURNEY*
(*Abril 2002-Marzo 2004*)

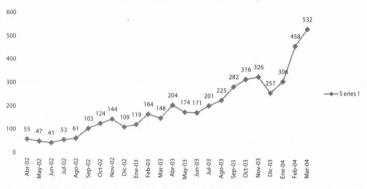

Primer año en *The Journey*		Segundo año en *The Journey*	
Abril 2002:	55	Abril 2003:	204
Mayo 2002:	47	Mayo 2003:	174
Junio 2002:	41	Junio 2003:	171
Julio 2002:	53	Julio 2003:	201
Agosto 2002:	61	Agosto 2003:	225
Septiembre 2002:	103	Septiembre 2003:	282
Octubre 2002:	124	Octubre 2003:	316
Noviembre 2002:	144	Noviembre 2003:	326
Diciembre 2002:	109	Diciembre 2003:	257
Enero 2003:	119	Enero 2004:	306
Febrero 2003:	164	Febrero 2004:	458
Marzo 2003:	148	Marzo 2004:	532

EJEMPLO DEL PROGRAMA DE UNA REUNIÓN CON LOS
PATROCINADORES

Día 1

2:00-5:00 p.m.	Llegan los patrocinadores a la ciudad / Actividad recreativa opcional
6:00 p.m.	Cena y camaradería con los patrocinadores y sus esposas.

Día 2

9:00 a.m.	Desayuno con los pastores principales y los fundadores de iglesias
11:00 a.m.	Reunión de negocios con los patrocinadores
12:00 p.m.	Almuerzo para las esposas en un restaurante local
12:30 p.m.	Almuerzo de trabajo y camaradería en la reunión de negocio de los patrocinadores
2:00 p.m.	Actividad recreativa opcional / Los patrocinadores regresan a su lugar de origen
6:00 p.m.	Cena opcional

RECURSOS RECOMENDADOS

Recursos de audio

Nota: Todos los recursos de audio pueden encontrarse en www.churchleaderinsights.com o www.churchfromscratch. com

«The Assimilation Seminar» [Seminario sobre integración] (incluye audio del seminario y un CD con un contenido enriquecido).

«The Call of a Church Planter» [El llamado de un fundador de iglesias] (audio CD).

«Fasting for Spiritual Breakthrough» [El ayuno para un gran avance espiritual] (audio CD).

«Funding Your Church Plant» [La plantación de su iglesia] (audio CD o descarga de MP3 disponible).

«Planning a One-Year Preaching Calendar» [Planeando un calendario de predicación de un año] (audio CD o descarga de MP3 disponible).

«Reaching Your Community Through Servant Evangelism» [Cómo alcanzar a su comunidad por medio de la evangelización a través del servicio] (audio CD o descarga de MP3 disponible).

«The Small-Groups Seminar» [Seminario sobre grupos pequeños] (incluye audio del seminario y un CD con un contenido enriquecido).

«Starting a Second Service» [Cómo comenzar un segundo servicio] (audio CD).

«Starting Worship Arts from Scratch» [Cómo comen-

zar el arte de la adoración desde cero] (audio CD).
«The Strategy Seminar» [Seminario sobre estrategia] (incluye audio del seminario y un CD con un contenido enriquecido).

Libros recomendados

Bennis, Warren y Burt Nanus. *Leaders: Strategies for Taking Charge* [Líderes: Estrategias para tomar el control], Harper and Row Publishers, Nueva York, 1985.

Collins, Jim. *Good to Great: Why Some Companies Make the Leap... and Others Don't.* [De bueno a genial: Por qué algunas compañías dan el salto... y otras no], HarperCollins Publishers, Nueva York, 2001.

Hybels, Bill. *Liderazgo audaz*, Vida Zondervan Publishing, Grand Rapids, 2002.

Hybels, Bill y Lynne. *Rediscovering Church: The Story and Vision of Willow Creek Community Church.* [Redescubriendo la iglesia: La historia y la visión de la iglesia de la comunidad de Willow Creek], Zondervan Publishing, Grand Rapids, 1995.

Kawasake, Guy. *The Art of the Start: The Time-Tested, Battle-Hardened Guide for Anyone Starting Anything* [El arte del comienzo: La guía de la aguerrida batalla de la prueba del tiempo para cualquiera que comienza algo], Penguin Putnam, Nueva York, 2004.

MacMillan, Pat. *The Performance Factor: Unlocking the Secrets of Teamwork* [El factor del desempeño: Descubriendo los secretos del trabajo en equipo], B&H Publishing Group, Nashville, 2001.

Schwartz, David. *The Magic of Thinking Big* [La magia de pensar a lo grande], Fireside Publishing, Nueva York, 1987.

Sjogren, Steve. *Conspiracy of Kindness: A Refreshing Approach to Sharing the Love of Jesus with Others* [La conspiración de la bondad: Un enfoque refrescante para hablarle del amor de Dios a los demás], Vine Books, Ann Arbor, MI, 2003.

Sjogren, Steve y Ron Lewin. *Community of Kindness* [La comunidad de la bondad], Regal Books, Ventura, CA, 2003.

Warren Rick. *Una iglesia con propósito,* Vida Zondervan Publishing, Grand Rapids, 1995.

Sitios en la Internet recomendados

www.churchfromscratch.com
www.churchleaderinsights.com
www.epicadventures.org
www.nyjourney.com
www.outreach.com
www.purposedriven.com
www.servantevangelism.com
www.smartleadership.com

Nos agradaría recibir noticias suyas.
Por favor, envíe sus comentarios sobre este libro
a la dirección que aparece a continuación.
Muchas gracias.

Vida@zondervan.com
www.editorialvida.com